Jörg Schneider

So komme ich in die Hölle

Ein Streifzug durch
den Irrsinn der Religion

2. Auflage Mai 2014
Titelbild: nimatypografik

©opyright 2012 by U-Line & Jörg Schneider
Lektorat: Franziska Köhler
Satz: nimatypografik
Druck & Bindung: AALEXX Buchproduktion GmbH
www.aalexx.de

ISBN: 978-3-939239-32-1

Alle Rechte vorbehalten. Ein Nachdruck oder
eine andere Verwertung ist nur mit schriftlicher
Genehmigung des Verlags gestattet.

U-Line Verlag
Neudorf 6 | 64756 Mossautal

www.u-line-verlag.de

Inhalt

Einleitung 5

1 Das monotheistische Ätschi-Bätsch-Prinzip 9

2 Was ist die Hölle, und warum sie in ihren Anfangstagen buchstäblich bis zum Himmel stank 26

3 Die 10 Gebote 43

4 Atheisten, Agnostiker, Antichristen, anmaßende Allmachtsfantasien – allerlei abgewetzte Alliterationen 60

5 Wissenswertes über den Hausherren und seinen Gegenspieler 78

6 Evolutionslehre und Schöpfungslehre 96

7 Fundamentalistische Glaubenskonstrukte – Dummheit hält länger als Beton 112

8 Fegefeuerfernsehen 131

9 Sexsexsex – keine Nummer vor der Ehe 148

10 Heidenlärm 167

11 Heilige und Schweine 183

12 Geht das wieder ab? 201

13 Literaturverzeichnis 219

Die Religion entstammt der menschlichen Vorgeschichte, in der niemand auch nur den Hauch einer Ahnung davon hatte, was passierte. Heute weiß schon das jüngste meiner Kinder mehr über die natürliche Ordnung als irgendein Religionsgründer, und vielleicht haben sie deshalb auch so wenig Interesse daran, ihre Mitmenschen in die Hölle zu schicken.
(Christopher Hitchens, Autor und Journalist)

Ich hätte gern eine Welt, in der das Ziel der Erziehung geistige Freiheit wäre und nicht darin bestünde, den Geist der Jugend in eine Rüstung zu zwängen, die ihn das ganze Leben lang vor den Pfeilen objektiver Beweise schützen soll.
(Bertrand Russell, Philosoph und Mathematiker)

Sagen Sie einem frommen Christen, dass seine Frau ihn betrüge oder dass man sich durch den Verzehr von gefrorenem Joghurt unsichtbar machen könne, und er wird vermutlich wie jeder andere Beweise dafür fordern (...). Sagen Sie ihm, das Buch, das er neben seinem Bett liegen hat, habe eine unsichtbare Gottheit geschrieben, die ihn mit dem ewigen Feuer betrafen wird, falls er nicht jede ihrer unsäglichen Behauptungen über das Universum akzeptiert, und er scheint nicht den geringsten Beweis dafür einzufordern.
(Sam Harris, Neurowissenschaftler und Autor)

Das war doch zuletzt nur noch ein Gegurke und Gewürge.
(Klaus Toppmöller, Fußballtrainer und Raucher)

Einleitung

Religion ist eine unübersichtliche Sache. Den mühsamen Weg des Selberdenkens großräumig umbetend, sollte sie einen aber spätestens dann ins Grübeln bringen, wenn ihre grotesken Glaubenskonstrukte unter Androhung von Höllenfeuer verbieten, an Tagen, die mehr als zwei Vokale oder drei f im Namen haben, hochkant im Wok geschmolzenes Veganerfleisch zu trinken.

Nachträglich auszubügeln sind solche Vergehen in der Regel nur, wenn man direkt im Anschluss zur Buße ganz fest an ein Kamel, die Zahl sieben oder die Farbe Ocker denkt. Ebenso strafmildernd: Draußen ist es kälter als zehn Grad.

Was auf einen ersten scheuen Blick vielleicht ein klein wenig willkürlich erscheinen mag, hat jedoch durchaus Methode. Denn seit eh und je drohen Religionen unter Zuhilfenahme einer nicht verhandelbaren Gut-und-Böse-Kategorisierung bei Missachtung absurdester Lebensanleitungen mit nicht weniger als ewiger Verdammnis.

Die ist allerdings – einer von der Kirche ansonsten eher unbefleckt wahrgenommenen Logik gehorchend – erst nach dem Tod des Sünders anzutreten. Und diese Reihenfolge hat auch einen guten Grund.

Den drei großen monotheistischen Weltreligionen Christentum, Islam und Judentum kommen derlei chronologische Winkelzüge freilich ungemein entgegen, entziehen sich die angeblichen Konsequenzen allzu gottlosen Herumfuhrwerkens doch durch die partout nicht zu übertölpelnde Kommunikationshürde Tod recht geschmeidig jeder weltlichen und damit gleichsam diesseitigen Überprüfbarkeit.

Denn gerade für die Zeit nach dem Tod ist ja in punkto individueller Gestaltungsfreiheit mit einem gewissen Engpass zu rechnen. Alles in allem ein perfektes Szenario, um den erhobenen Zeigefinger gen Himmel zu stechen und zu drohen, dass sich die Balken biegen.

Eine taktische Übung, die in ihrer aggressiven Einfalt seit Jahrtausenden blitzsauber funktioniert und mit der sich die Kirche erstaunlicherweise auch heute noch, da Blitz und Donner solide erklärt sind, jede Menge Geiseln ergaunert.

Seltsam genug, zumal man mit dem Regelwerk der Religion – Propheten, die den Zugang zur absoluten Wahrheit beanspruchen; heiligen Schriften, die man nicht infrage stellen darf; Funktionären, die den ganzen Firlefanz verkünden, und Inquisitoren, die jeden zur Rechenschaft ziehen, der dagegen verstößt – noch immer eine Schiene fährt, die man in ihrer unantastbaren Ignoranz ansonsten vielleicht höchstens noch vom DFB kennt. Neben der Kirche womöglich die einzige Institution, die ebenfalls seit Anbeginn der Zeit sämtlichen Formen der Aufklärung wacker zu trotzen vermochte – in ihrer beider Einzigartigkeit wahrscheinlich irgendwo anzusiedeln zwischen kleinem gallischen Dorf und Galapagosinseln.

Wer also die vermeintlich gottgewollten klerikalen Auflagen, nachzulesen in einem von anonymen Kopisten über Jahrhunderte hinweg aus alten Mythen zusammengestückelten heiligen Buch, nicht blindlings abnickt, landet folgerichtig schnurstracks im kochenden Kessel des Teufels. Und wozu?

Genau – zu Recht!!! Denn es geht ja nun auch anders.

Schließlich winken einem ordnungsgemäß gottgefällig Abdankenden postum allerlei prima Schmankerl und Belohnungen. Je nach Geschäftsmodell und spirituellem Anbieter beläuft sich das paradiesische Angebot auf eine veritable Bandbreite, die von Dutzenden williger Jungfrauen (pro Leiche) bis hin zu durchgehend guter Laune bei nerviger Musik reicht. Also ähnlich einem Tokio Hotel-Konzert oder dem Kommunionsunterricht.

Und was an religiösen Wahnvorstellungen schon immer für gut befunden wurde, kann doch nicht bereits heute, kaum ein paar Jahrtausende Menschheitsgeschichte später, schlecht sein?

Warum sich also nicht einfach weiterhin an den frühen Hirngespinsten, Wertesystemen und rituellen Brimborien einer archaischen Hirtenkultur orientieren?

Aber ist der jeweilige Gott wirklich eine so renitente Spaßbremse, wenn es um ein zeitgemäßes Aufpeppen seiner Hausordnung geht? Und hat eine aufgeklärte Menschheit das tatsächlich so bestellt? Egal auf welchen Namen?

Sollten wir nicht lieber, fernab konkurrierender Glaubensbekenntnisse, alle von jenem gemeinsamen, universellen Geist beseelt sein, der einerseits ohne größere Probleme dazu imstande ist, so unsagbar schöne Dinge wie Weizenbier, Schweinebraten und Fallrückzieher zu ersinnen, dessen lustige bauernschlaue Selbstironie aber andererseits auch die Kandidaten in Fernseh-Quizshows bei der Frage nach einem polnischen

Gewerkschaftsführer aus den achtziger Jahren zwischen Karol Wojtyla und Pan Tau schwanken lässt?

Zu kurz gedacht? Mag sein, doch ich persönlich halte es bezüglich allzu scheinheiligem Gehusche ohnehin lieber mit den rationalen Überlegungen des gesunden Menschenverstandes und schließe diese Einleitung im Geiste einer grundsympathischen Bemerkung, die der Anekdote nach vor knapp zweitausend Jahren am See Genezareth gefallen sein soll:

«Es ist mir egal, wer dein Vater ist. Solange ich hier angle, geht mir keiner übers Wasser.»

I

Das monotheistische Ätschi-Bätsch-Prinzip

Dass man Gott wissenschaftlich nicht widerlegen kann, gilt vielen Gläubigen bereits als Beweis für dessen Existenz. Als einzige Legitimation ihrer infantilen Argumentation dient ein unanfechtbares Wahrheitsmonopol, basierend auf den Überlieferungen frühgeschichtlicher Analphabeten. Ein Kapitel über den Yeti, gemalte Beweise, vererbte Knebelverträge und eine intergalaktische Teekanne.

Seit Gott vor sechstausend Jahren innerhalb weniger Werktage die Erde erschuf, begleiten kulturhistorische und anderweitig gelagerte Irrtümer die Menschen auf ihrem Weg durch die Geschichte. Sei es aufgrund millionenfacher Verblendung, wie in den dreißiger und vierziger Jahren des vorigen Jahrhunderts im Rahmen der deutschen Dokusoap *Verliebt in den Führer*, oder einfach nur verursacht durch allgemeine Fehlinformation oder pures Desinteresse.

So glauben beispielsweise bis zum heutigen Tag einige Unbeirrbare, das Gießener Grab des Physikers Wilhelm Conrad Röntgen sei tatsächlich durchsichtig und die Wagneroper *Lohengrin* handle von einem Witwer, der mit seinen drei erwachsenen Söhnen und einem chinesischen Koch auf einer Ranch in Nevada lebt. Doch der wahrscheinlich mächtigste Irrglaube von allen dreht sich noch immer um Gott selbst.

Denn die vermeintliche Existenz eines personalen Gottes mit spezifischen menschlichen Fähigkeiten (nur eben etliche Nummern größer), eines imaginären Überwesens, gar eines Universalkonstrukteurs Daniel Düsentrieb'schen Ausmaßes, der je nach Bedarf in das Gesamtgeschehen auf der Erde, in Naturgesetze und die Schicksale sämtlicher Menschen eingreift und dabei alles und jeden nach dessen Gottgefälligkeitsgrad belohnt oder abstraft, ist ja selbst bei größter geistiger Anstrengung nicht zwingend die wahrscheinlichste aller Verschwörungstheorien.

Die Kirche sieht das freilich etwas anders, doch wer seit Jahrhunderten mit Schwert und Scheiterhaufen auf dem kleinen Dienstweg Nächstenliebe und Barmherzigkeit predigt, ist sicherlich auch gut beraten, an die Befugnis der betreffenden Instanz zu glauben, in deren Namen da gemetzelt wird. Vor allem dann, wenn als einzige Legitimation das unanfechtbare Wahrheitsmonopol eines heiligen Buches – basierend auf einem zuvor durch Generationen frühgeschichtlicher Analphabeten geschleusten Sammelsuriums beliebter Mythen und Märchen – herhalten muss.

Dennoch beharrt Religion großspurig auf dem alleinigen Zugangsrecht zu einer ewig gültigen, universellen Wahrheit. Und wer sich den verschrobenen Weltanschauungen der einzelnen Geschmacksrichtungen nicht anschließen oder unterordnen mag, dem droht laut der jeweiligen Sackgassensatzung das Fegefeuer des entsprechenden Anbieters. Als ganz besonders eifrig und konsequent im ordnungsgemäßen Verwalten, Aussortieren und Verschicken mutmaßlicher Sünder hat sich in seiner langen Horrorgeschichte das scheinheilig daherfrömmelnde Christentum hervorgetan und sich dergestalt – an vorderster Front mit dem bitteren Beigeschmack «katholisch» – in Sachen Verdammnischancen auf lange Sicht den Titel des unangefochtenen Branchenführers, quasi eines Hollywood der Höllenindustrie, gesichert.

Wie aber kommt man in die hierzulande gerne hofierte katholische oder eine andere Hölle? Was gilt es zu beachten, und lohnt sich der ganze Aufwand überhaupt? Knifflige Fragen, deren gewissenhafte Beantwortung jedoch weniger einer geografischen Wegbeschreibung als einer metaphysischen Richtungsangabe bedarf, denn seit vielen Jahrhunderten dient die Hölle religiösen Genossenschaften als spekulatives Schreckensszenario und fixe Gruselgröße, um Menschen im kollektiven Würgegriff grotesker Allmachtsfantasien zu halten.

Aus diesem Grund taugt das Trugbild der Hölle auch besser als jedes andere zum Synonym für die leider umso realere Widersinnigkeit der Kirche, sich in trotziger Kleinkindmanier krampfhaft an ihrem absoluten Wahrheitsanspruch festzuklammern.

Doch es ist nicht die Aufgabe der Skeptiker, die unverhandelbaren Ansprüche religiöser Dogmen als ideologische Mogelpackung zu entlarven, sondern es liegt vielmehr an den Dogmatikern, ihre Thesen zu beweisen oder wenigstens in einem Maß zu begründen, das nicht der geistigen Weltoffenheit eines apokalyptischen Nordkoreas entspricht. Zugegeben, keine allzu leichte Übung, zumal das gusseiserne Dauerargument «weil es so geschrieben steht» im Bereich der geistigen Reife nun mal noch gehörig Luft nach oben lässt. Platz hätte Gott also mehr als genug.

Aber wozu auch in die Höhe schweifen, wenn das Offensichtliche doch so naheliegt? In diesem Fall im Weltall. So kommt man nicht umhin, bereits an dieser Stelle die berühmte Teekannenanalogie des englischen Mathematikers und Philosophen Bertrand Russell aus dem Jahr 1952 zu bemühen, die sehr eindrucksvoll jenes infantile theologische Ätschi-Bätsch-Prinzip ad absurdum führt, nach dessen obskurer Logik Gott schon allein deshalb existieren müsse, weil man ihn eben wissenschaftlich nicht widerlegen kann.

«Wenn ich behaupten würde, dass es zwischen Erde und Mars eine Teekanne aus Porzellan gäbe, welche auf einer elliptischen Bahn um die Sonne kreise, so könnte niemand meine Behauptung widerlegen, vorausgesetzt, ich würde vorsichtshalber hinzufügen, dass diese Kanne zu klein sei, um selbst von unseren leistungsfähigsten Teleskopen entdeckt werden zu können. Aber wenn ich nun weiterhin auf dem Standpunkt beharrte, meine unwiderlegbare Behauptung zu bezweifeln sei eine unerträgliche Anmaßung menschlicher Vernunft, dann könnte man zu Recht meinen, ich würde Unsinn erzählen.

Wenn jedoch in antiken Büchern die Existenz einer solchen Teekanne bekräftigt würde, dies jeden Sonntag als heilige Wahrheit gelehrt und in die Köpfe der Kinder in der Schule eingeimpft würde, dann würde das Anzweifeln ihrer Existenz zu einem Zeichen von Exzentrizität werden. Es würde dem Zweifler in einem aufgeklärten Zeitalter die Aufmerksamkeit eines Psychiaters einbringen oder die eines Inquisitors in früherer Zeit.»

Ein weiterführendes Huldigen der ominösen heiligen Kanne möchte man in diesem Zusammenhang lieber gar nicht erst anregen, denn bei einer adäquaten Anbetung der Kanne wäre, wie von Russell bereits angedeutet, ein souveräner Abgang in Richtung geschlossene Anstalt wahrscheinlich nur noch schwer zu vermeiden. Aber vielleicht kämen dann im Gegenzug auch alle anderen, die nicht an die Existenz des intergalaktischen Gefäßes glauben, in eine Art Teekannenhölle, in der mit einem großen Hammer billige Porzellanimitate zerdeppert werden, dass es bis in alle Ewigkeit blasphemisch kracht und klirrt.

Doch viel entscheidender als das Dogma der Existenz eines heiligen Teekannenservices – erhältlich auch im dreifaltigen Modell *Kanne Vater, Kanne Sohn, Kanne Heiliger Henkel* – ist ja die Frage nach der Wahrscheinlichkeit eines solchen Himmelskörpers. Denn die leidige Nichtbeweisbarkeit der Teekanne wuchtet deren eventuelle Existenz nicht gerade auf eine satte Fifty-fifty-Quote. Beweisbarkeit und Nichtbeweisbarkeit halten sich also, so man sich ihnen mit gesundem Menschenverstand nähert, nicht unbedingt die Waage. Auch wenn es die Teekannendogmatiker nicht gerne lesen: Nach allem, was man heute weiß, spricht nicht allzu viel dafür, dass es eine solche Kanne gibt. Was natürlich nicht heißt, dass man sie nicht vielleicht doch noch irgendwann einmal entdeckt. Das wäre nichts weniger als eine Sensation und würde zumindest für die Weiten des Weltalls immerhin eine der wenigen tatsächlich unumstößlichen Wahrheiten eindrucksvoll beweisen: draußen nur Kännchen!

Der Unterschied zwischen Teekanne und handelsüblicher Religion oder Sekte ist allerdings der, dass man die Teekannenfundamentalisten sicherlich rechtzeitig wegsperren würde, ehe sie den Anhängern anderen heiligen Geschirrs im Streit darum, wer denn nun den kompletteren Satz Tassen im Schrank hat, die Schädel einschlagen. Doch ein solches Ätschi-Bätsch-Prinzip funktioniert ja auch ganz hervorragend auf anderen, weltlicheren Gebieten.

Wer erinnert sich beispielsweise nicht an das mitleiderregende Drehen und Wenden des früheren US-Außenministers Colin

Powell im Februar 2003 vor den Vereinten Nationen? Wie er bar jeglicher Beweise für die Rechtfertigung eines präventiven Krieges gegen den Irak mit gemalten Bildern herumhantierte, die zwar nicht die gesuchten mobilen Chemiewaffenfabriken zeigten, wohl aber wie diese denn aussähen, so man denn welche fände.

Es war ein erbärmliches Schauspiel. Und gods own country, unter der Führung des vom Allmächtigen persönlich berufenen, christlich-fundamentalistisch gesalbten Kindskopfs George Walker Bush, interpretierte die Tatsache, dass die Waffeninspekteure seinerzeit im Irak trotz allerintensivsten Nachguckens nicht die geringste Spur von irgendwelchen Massenvernichtungswaffen fanden, als bombensicheren Beweis dafür, wie unglaublich raffiniert der dortige Diktator Saddam Hussein die Dinger versteckt haben musste.

Sie erkennen das Prinzip?

Ganz ähnlich, wenn auch ohne Blutvergießen und Kollateralschäden, verhält es sich übrigens auch bei den sogenannten Kryptozoologen, einer jedoch weitaus liebenswerteren, weil harmlos schrulligen Spezies.

Dieser von ernst zu nehmenden Biologen etwas belächelte Zweig der Zoologie widmet sich, wenn auch mit überschaubarem Erfolg, dem Entdecken bisher verborgener, im Idealfall mächtig mysteriöser Tierarten. Der Begründer dieser Bewegung, der Belgier Bernard Heuvelmans, umschreibt die Idee dahinter als «wissenschaftliche Studie von Tierformen, deren Existenz nur auf Zeugenaussagen oder Indizien oder auf Material, das jemand als ungenügend bewertet hat, basiert.»

Als die beiden prominentesten Forschungsobjekte seien hier das Ungeheuer von Loch Ness und dessen tibetanischer

Kollege, der Yeti, erwähnt. Obwohl man mit an Sicherheit grenzender Wahrscheinlichkeit davon ausgehen darf, dass derlei Wesen ohne großes Wenn und Aber in den Bereich der Mythen gehören, werden Kryptozoologen nicht müde, nach ihnen zu suchen, und bestehen im Rahmen eines ähnlichen Ätschi-Bätsch-Prinzips darauf, dass seriöse Wissenschaftler immerhin auch nicht belegen können, dass Nessi und der Yeti nicht existieren.

Doch wie bereits erwähnt: Weder der Massenvernichtungswaffen-, der Teekannen-, der Fabelwesen- noch der Gottesskeptiker sind in der Situation, Beweise für eine entsprechende Nichtexistenz bringen zu müssen. Es liegt an dem auf der jeweiligen Existenz Beharrenden, selbige vernünftig zu belegen. Und genau da sind wir in Sachen Religion wieder am Ausgangspunkt.

Denn während man auch im blitzeblankgebombten Irak rein gar nichts auch nur Chemiewaffenverwandtes gefunden hat und inzwischen (nicht ohne Stolz) zugeben musste, dass alles nur eine listige Finte war, um die amerikanischen Wirtschaftsinteressen im Nahen Osten zu wahren, der Teekannenanhängerschaft eventuell der Unterschied zwischen Mikro- und Makrokosmos einleuchtet und die Kryptozoologen einsehen müssen, dass die klimatischen und biologischen Bedingungen in schottischen Hochlandseen keine Plesiosaurier dulden, beharren die kirchlichen Dogmatiker noch immer trotzig auf der Existenz eines unsichtbaren Leithammels, weil das nun mal so in einem heiligen Buch steht.

Garniert wird diese etwas holprige Beweisführung immer wieder gerne mit dem kryptotheologischen Zusatz, dass Gott eben keine naturwissenschaftlichen Gleichungen zu befriedigen habe. Dem ist natürlich nichts entgegenzusetzen, aber dann sollte er sich doch bitteschön auch mit seiner metaphysischen Rolle zufriedengeben und keinerlei Anspruch auf eine alltagstaugliche Vormachtstellung erheben.

Denn Gott ist ja vor allem eine Frage seiner Definition. Wer ihn als die okkulte Quintessenz aus Hoffnung, Kraft und Liebe sieht, darin sein Seelenheil entdeckt und nach den ursprünglich philanthropisch geprägten, von der blutrünstigen Kirchengeschichte vergewaltigten Prinzipien der Nächstenliebe, Barmherzigkeit und Toleranz handelt, liegt in Sachen eines zufriedenen und erfüllten Lebens ja alles andere als falsch. Ganz im Gegenteil.

Doch eine transzendentale Definition ist hier auch weniger Thema als die rechthaberische Variante eines nörgelnden und strafenden Oberaufsehers, in dessen Namen seine irdischen Schergen bei der Bearbeitung göttlicher Benimmregeln im Lauf der Geschichte mit unsympathischen Marginalien wie Rache, Folter, Tod und Verderben nicht gerade gegeizt haben. Oder um es mit den Worten des Kirchenkritikers Karlheinz Deschner zu sagen: «Es muss ein eigentümliches Vergnügen sein, von Jahrhundert zu Jahrhundert im Blut der Menschheit zu schwimmen und Halleluja zu rufen.»

Ein ähnlich ideologisches Gesamtversagen auf ganzer Linie lässt sich ansonsten höchstens noch mit der kompletten Umwandlung der alten Volksmundliste, was denn ein Mann in seinem Leben so zu erledigen habe – nämlich ein Haus zu bauen, einen Baum zu pflanzen und einen Sohn zu zeugen –, vergleichen, deren groteskes Negativ lediglich ein abgerissenes Haus, einen gefällten Baum und einen Schwangerschaftsabbruch vorzuweisen hat.

Zumal es ja auch nicht der Fall ist, dass es keine Alternativen gäbe, um ein nach moralischen und ethischen Wertvorstellungen sauber praktiziertes Leben zu führen, denn überraschenderweise bedarf es dazu keinerlei klerikaler Dachverbände. Werte brauchen keinen Gott. Und einen, dessen Vertreter sie mit Füßen treten, schon gleich gar nicht.

Wenn man die ganze Sache nämlich etwas objektiver betrachtet, müsste auch ein gläubiger Mensch eingestehen, dass sich etwa eine philosophische Herangehensweise an den Wahrheitsbegriff doch um einiges einleuchtender und nachvollziehbarer ausnimmt als ein stumpfsinniges Beharren auf den wunderlichen Dogmen einer heiligen Schrift. Dazu bedarf es lediglich der intellektuellen Fingerübung des Selberdenkens, die der Kirche allerdings noch nie sonderlich lag.

Denn die Wahrheit über Gott und die Welt kann doch bestenfalls eine Hypothese sein, die im Idealfall dem aktuellen Wissensstand der darüber Grübelnden entspricht. Eine solche Hypothese ist jedoch naturgemäß fehleranfällig und muss daher permanent überprüft und gegebenenfalls verbessert werden. Doch genau dieses Überdenken, ein stetiges Optimieren nach bestem Wissen und Gewissen, widerspricht jedem religiösen Denksystem, das sich auf eine ewig gültige, unumstößliche und allumfassende Wahrheit beruft.

Das bockige Verweigern eines solchen Modifizierens zeugt schlichtweg von einer geistigen Kurzsichtigkeit, die es noch geradeso von den trüb getönten Kontaktlinsen bis zur Innenseite ihrer beidseitig verspiegelten Sonnenbrillengläser schafft. Eine Unzulänglichkeit, die die Kirche aber nicht im Geringsten daran hindert, ihre diesbezügliche Borniertheit als moralische Linientreue abzufeiern. Vielmehr verschließt sie, gleich den berühmten drei Affen, Ohren, Mund und Augen und verweist wacker auf ihr gottgegebenes Ausschließlichkeitsmonopol.

Doch dummerweise plaudern die drei Offenbarungsreligionen nicht gemütlich bei Kaffee und Kuchen im interreligiösen Dialog darüber, wer denn nun den mächtigeren Freund Harvey anbetet, sondern die Anhänger der unterschiedlichen heiligen Schriften haben sich über Jahrhunderte bei der nachhaltigen Klärung dieser Frage gegenseitig immer wieder emsig die Betonköpfe abgebissen.

Und wie lächerlich dieser religiöse Schwanzvergleich um die noch alleinigere und wahrere Wahrheit als die der anderen beiden ist, lässt sich recht anschaulich anhand einer simplen Schlussfolgerung verdeutlichen, deren Logik selbst Vorschulkinder nicht vor unüberwindbare Hürden stellen dürfte – vorausgesetzt sie verfügen über die nötige geistige Reife und halbwegs logisches Denkvermögen oder zumindest den Willen zu logischem Denken. Allesamt Attribute, über die fromme Dogmatiker der entsprechenden Kirchen anscheinend nur in einem ausgesprochen überschaubaren Rahmen verfügen.

Jede der drei großen monotheistischen Religionen, Christentum, Judentum und Islam – die sich ja inhaltlich nicht ganz unerheblich voneinander unterscheiden und hier keiner Wertigkeit unterliegen sollen –, beharrt brecheisenfest darauf, dass ausschließlich ihr eigenes, vor vielen Jahrhunderten von ihren jeweiligen geistigen Gründervätern in weitgehender Ahnungslosigkeit zusammengeschraubtes Glaubenskonstrukt den exklusiven Stein der Weisen besitzt. Eine Behauptung, die nach den Gesetzen des spätestens seit *Wer wird Millionär* bekannten Ausschlussverfahrens nichts anderes bedeutet, als dass mindestens mal zwei Drittel des Gesamtangebotes blanker Unfug sein müssen. Man möchte beinahe seine Hand dafür ins Feuer legen – die in Zeiten der Inquisition als Brandgut leider nicht genügt hätte –, dass auch das dritte Drittel in eine ähnliche Richtung geht.

Eine Gleichung voller Unbekannter, die getreu den Grundsätzen des Ätschi-Bätsch-Prinzips einmal mehr Glauben mit Wissen verwechselt. Wenn auch aufgrund des gegenseitigen, seit Jahrhunderten andauernden Massakrierens zur Auslotung hanebüchener Machtverhältnisse auf weitaus handfesterer Weise als das theoretische Herumblöden mit gemalten Chemiewaffenfabriken.

Eine Diskussion, die in freier Wildbahn in etwa vergleichbar wäre mit einem unter normalen Umständen glücklicherweise weitaus weniger blutigen Streit zwischen Kindern, ob Superman wohl einen Kampf gegen Obelix gewänne. Bleibt zu hoffen, dass es in der Praxis niemals zu einer solchen Keilerei kommen wird, denn dass die beiden potentiellen Streithähne tatsächlich existieren müssen, belegt ja eindeutig die amerikanische Beweisführung vor den Vereinten Nationen. Immerhin sind sowohl der Kryptonier wie auch der Gallier gezeichnet. Doch neben seiner Existenz ist das Erstaunlichste am bekanntermaßen unmaskierten Superman ohnehin die Tatsache, dass ihn in seiner Geheimidentität als Zeitungsreporter absolut niemand erkennt, nur weil er sich als Clark Kent bis zur Unkenntlichkeit mit einer Brille tarnt, über einen Scheitel verfügt und seine Unterhosen ordnungsgemäß unter seiner Hose trägt.

Und geht es Gott letztlich nicht ähnlich?

Wenn auch nicht in punkto Unterwäsche, sondern dahin gehend, dass ihn seine Anhänger selbst bei ganz genauem Hingucken nicht so recht als das erkennen wollen, was er nun mal ist? Ein von mehr oder weniger fantasievollen Menschen mit eigenwilligem Sinn für Realität ausgedachter Superheld?

Doch Superman und Obelix sind ja bei Weitem nicht die einzig verbrieften Superhelden respektive Gallier. Können also auch personell erweiterte Göttergruppierungen friedlich nebeneinander existieren? Denn wenn man mal die Streitereien der monotheistischen Religionen untereinander beiseite lässt, worauf gründet eigentlich deren Überheblichkeit gegenüber polytheistischen Glaubensgemeinschaften, also jenen, die vorsichtshalber gleich mehrere Götter anbeten anstatt nur einen einzigen? Sind bei der in unserem Grundgesetz verankerten Religionsfreiheit also nicht beispielsweise katholische Kirchenvertreter, die nicht an nordische oder indianische Göttersippen glauben, ebenso Atheisten und gehören, den eigenen Maßstäben folgend, wenn schon nicht in die Hölle geschickt, so doch wenigstens verbrannt, wie das ja bei frevelhaftem Nichtglauben lange zum guten Ton der katholischen Kirche gehörte?

Das wären sie rein formal-logisch natürlich schon, wenn sich der Kathole nicht auch hier prima selbst in den Schwanz beißen und sich routiniert auf seine, sprich die einzig gültige heilige Schrift und die damit einhergehende, sich selbst attestierte alleinige Wahrheit berufen würde.

Einem ähnlich in sich geschlossenen System vertraut die katholische Kirche ja seit einiger Zeit auch im Zuge der seit Roland Koch brutalstmöglichen Nachbereitung ihrer in die Tausende gehenden Missbrauchseinzelfälle. Hat man sich diesbezüglich doch tatsächlich nicht entblödet, eine von der katholischen Kirche selbst betreute Hotline, ein Sorgentelefon für die eigenen Opfer einzurichten.

Es handelt sich dabei um eine klerikale Melange aus *Domian* und *Weißer Ring*, bei der sich sowohl früher als auch frisch Missbrauchte im Nachhinein via Telefon bei den Arbeitskollegen ihrer Peiniger dafür entschuldigen können, sie so sehr in Versuchung geführt und vom rechten Weg abgebracht zu haben. Man mag sich lieber gar nicht vorstellen, wer da am offiziellen Leitungsende Betroffenheit vorgaukelt, aber es wird sicherlich jemand sein, der mit den «Kids» am Jugendzeltlagerfeuer auch skrupellos auf der Wandergitarre *Satisfaction* oder *Smells Like Teen Spirit* nach Noten runterstolpert.

Bei solchen Bock-zum-Gärtner-Strategien bleibt allein die Hoffnung, dass die Kirche tief drinnen selbst um ihre eigene Dreistigkeit weiß. Allein es fehlt der Glaube und bleibt wohl ebenso ein frommer Wunsch wie die Sehnsucht, dass sich Claudia Roth irgendwann einmal aus weniger als sieben Farben in eine Fernsehkamera empört.

Aber ist das Christentum im Gegensatz zu polytheistischen Religionen allein deshalb glaubwürdiger, weil seine anzubetende Personaldecke überschaubarer ist?

Ganz so allein steht Gott ja auch nicht da, sondern teilt seinen irdischen Ruhm, entgegen sonstiger Gewohnheiten, unter einer eigentümlichen heiligen Dreifaltigkeit auf. Ähnlich dem der Teekanne bestehend aus Vater, Sohn und dem Heiligen Geist. Dass dem etwas leicht Schizophrenes anhaftet, sei hier ausnahmsweise erst gar nicht ausführlicher durchdacht, genügt doch bereits ein Blick auf das katholische Bodenpersonal – homophobe Männer in Frauenkleidern –, um darin eine gewisse Methode zu entdecken.

Die Dreifaltigkeit haben die Christen übrigens, wie fast alle Bestandteile ihrer immer wieder gern als einzigartig deklarierten Religion, aus noch älteren Mythen übernommen. Als Beispiel sei hier nur die wesentlich ältere römische Trias, bestehend aus Jupiter, Juno und Minerva erwähnt, deren Schöpfer und Anbeter sich die Trio-Idee wiederum von den Griechen geliehen haben, bei denen Zeus, Hera und Athena ähnliche Rollen innehatten. Eine trilaterale Nummer, die in der Vergangenheit in Sachen Gewaltenteilung (mit Ausnahme der Marx-Brothers) aber noch nie anstandslos funktionierte. Daher ist es auch nicht weiter verwunderlich, dass 1994 der Machtübernahmeversuch der SPD-Troika mit Scharping, Schröder und Lafontaine so grandios scheiterte, während Groucho, Harpo und Chico auch heute noch immer bestens harmonieren.

Ist ein einzelner Gott also doch besser als ein ganzer Verhau von ihnen? Nein, einer ist genauso unnötig wie mehrere.

All das Geglaube müsste einen ja auch nicht weiter stören, wenn es in einem Umfeld praktiziert würde, das andere nicht unaufgefordert mit einbezieht. Keiner hätte auch nur das Geringste dagegen einzuwenden, wenn jeder für sich selbst glaubt, was er eben gerne glauben möchte. Allerdings wird die hierzulande gesetzlich festgelegte Trennung von Staat und Kirche nicht einmal annähernd eingehalten. So ist beispielsweise die Kirchensteuer ein staatlich verordneter Mitgliedsbeitrag, den man quasi von Haus aus abzutreten hat, und zwar bis man aus eigener Initiative – wiederum für gutes Geld – aus der jeweiligen Vereinigung austritt.

Eine seltsame gesetzliche Machenschaft und in etwa das Gleiche, als gäbe es seit Jahrhunderten eine geheimnisvolle Weisung, die jedes neugeborene Kind von Geburt an automatisch dazu verpflichtet, pro Monat einen vom entsprechenden Anbieter hergestellten Kühlschrank zu erwerben. Wiederum so lange, bis man das Gerät schriftlich abbestellt. Gerade für die Generationen vergangener Jahrhunderte ein sehr bedenklich vererbter Knebelvertrag, da die Menschen seinerzeit noch nicht einmal Strom hatten. Aber Vertrag ist nun mal Vertrag. Allein es gibt von Natur aus keine religiösen Kinder oder generationsübergreifende Küchengerätsverpflichtungen. Nur weil die meisten Kinder in eine bestimmte Konfession geboren werden – und in aller Regel auch mit dieser sozialisiert werden –, ist das noch lange nicht deren eigene Entscheidung.

Genauso wenig gibt es Kinder, die von Geburt an einer bestimmten politischen Partei angehören, nur weil Papa stellvertretender Kassenwart der Ortsgruppe ist und Mama bei der internen Weihnachtsfeier das Wichteln organisiert. Es gibt keine per se konservativen, sozialdemokratischen, grünen oder ungelenk liberalen Kleinkinder. Es gibt sie ebenso wenig wie es katholische, evangelische, jüdische oder muslimische Kinder gibt. Man kann sogar, wenn auch schwer vorstellbar, davon ausgehen, dass es nicht einmal Kinder gibt, die von Geburt an Fans des FC Bayern sind.

Im Grundgesetz ist die Trennung von Staat und Kirche eindeutig festgelegt, dennoch wird Religion noch immer an staatlichen Schulen gelehrt und galt lange Zeit als versetzungsrelevant. Zudem sind ein Großteil gesellschaftlicher Institutionen wie Caritas, Diakonie oder diverse Krankenhäuser – obwohl hauptsächlich staatlich finanziert – ideologisch fest in kirchlicher Hand. Und dementsprechend werden dort auch deren personalpolitische Richtlinien befolgt, was in der Praxis bedeutet, dass die passende Konfessionszugehörigkeit noch immer Grundvoraussetzung für eine Anstellung ist. Und ein solches staatliches Festhalten an klerikalen Befehlsketten weist nun mal auch den fragwürdigen Praktiken der Kirche nicht unbedingt den Platz zu, der ihnen zusteht: den privat nachzugehender Ideologien, deren persönlichen Stellenwert jeder nach seinem eigenen Ermessen abwägen sollte, ohne unaufgefordert Nichtinteressierte zwangsrekrutieren zu wollen.

Doch bereits die Kleinigkeit mafiös organisierter, Jahrhunderte währender Schlachten um die Vorherrschaft allmächtiger Luftnummern – eine Tradition, die Millionen Menschen auf dem Gewissen (so vorhanden) hat – war ja keine Privatveranstaltung ohne erwähnenswerten Kollateralschaden. Das war alles andere als privat. Auch ist es nicht sonderlich privat, junge Mädchen zu verstümmeln oder Frauen zu steinigen, weil deren angebliche Verfehlungen gegen die kranken Normen eines heiligen Buches verstoßen. Es ist nicht privat, Menschen anhand von lächerlichen Regeln ein Leben fernab jeder Selbstbestimmung aufzuzwingen. Und ganz bestimmt ist es nicht privat, bereits unsere Kinder mit solchem Schwachsinn zu füttern.

Zwar hält jeder halbwegs aufgeklärte Mensch die Hölle und den Teufel als realen Ort und reale Person zu Recht für völligen Unsinn, deren nicht minder absurde Voraussetzung, Religion, aber gilt noch immer als hof- und salonfähig.

Dass sich dieses Buch im Folgenden größtenteils auf die Absonderlichkeiten der katholischen Kirche konzentriert, soll natürlich keinesfalls relativieren, dass etwa die kollektive Zwangsneurose eines spirituellen Mitbewerbers, sich mehrmals täglich devot in einer sklavischen Unterwerfungsgeste in eine bestimmte Himmelsrichtung zu kauern und dem dort anzubetenden Gott dessen Mächtigkeit entgegenzusäuseln, eine irgendwie erstrebenswertere oder gar sinnvollere Übung ist.

Dergestalt bleibt zu hoffen, dass sich vor allem auch der jüdische Gläubige durch fehlende Beschreibungen seiner Traditionen nicht diskriminiert fühlt – der Niederschrift am Ende gar Antisemitismus untergejubelt wird –, nur weil die nicht weniger sonderbaren jüdischen Rituale nicht gleichberechtigt hinterfragt werden.

Die katholische Kirche präsentiert sich schlicht und ergreifend aufgrund der unglaublichen Diskrepanz zwischen ihrer Geschichte und dem Anspruch eines vermeintlich selig machenden Christentums als der lohnendste Proband. Nicht dass die fundamentalistischen Strömungen der beiden anderen monotheistischen Offenbarungsreligionen weniger dogmatisch und damit irgendwie erträglicher wären, sondern vielmehr aus der simplen Tatsache heraus, dass die wunderlichen Widersprüchlichkeiten der katholischen Kirche ihr hierzulande noch immer am unverfrorensten ins intellektuelle Insolvenzgesicht geschrieben stehen.

Der Hölle dürften wir damit wohl einen ersten beträchtlichen Schritt nähergekommen sein, denn eines ist so sicher wie das final alles abnickende Amen in der Kirche: Religion würde ohne das klerikal aufgebaute künstliche Schreckensszenario der Hölle nicht funktionieren. Die Angst der Menschen wäre ohne das teuflische Hirngespinst von Gottes Endlösung niemals so lange aufrechtzuerhalten gewesen.

Religion behauptet – neben Helmut Schmidt – den einzig wahren Zugang zur einzigen, ewig gültigen Wahrheit zu besitzen. Und die ist dummerweise eine inquisitorische Wahrheit, die in ihrer Prämisse eher an Clint Eastwoods Dirty Harry als an Jesus' Idee der Nächstenliebe erinnert:

«Du wirst dran glauben oder du wirst dran glauben». (Zitat: Michael Schmidt-Salomon)

2

Was ist die Hölle, und warum sie in ihren Anfangstagen buchstäblich bis zum Himmel stank

Gelangt man auf dem intellektuellen Standstreifen des Katholischen Katechismus tatsächlich bis zum Zielort? Über die aus dem Vakuum veranlasste Schließung der Vorhölle und die fragwürdige Seelenverwandtschaft zwischen dem Heiligen Geist und dem Kaiser von China.

Nachdem wir uns im vorigen Kapitel mit den wunderlichen Gesetzen des monotheistischen Ätschi-Bätsch-Prinzips vertraut gemacht und das Reiseziel Hölle als branchenübergreifendes Synonym für dogmatische Albernheiten eingeführt – und damit gedanklich großräumig umzingelt haben –, gilt es nun etwas konkretere Hinweise auf einen ordnungsgemäßen Unterweltbesuch einzusammeln.

Was also ist die zweckpessimistisch ersonnene Hölle eigentlich für ein Ort und wie findet man ohne Zuhilfenahme des Routenplaners von ADAC oder AC/DC dorthin? Mit anderen Worten, wo geht's lang? Oder besser noch, wo muss ich hin?

Um sich einen ersten geografischen Überblick zu verschaffen, erweist es sich einmal mehr als durchaus hilfreich, wenn auch nicht sonderlich originell, zu schauen, was denn die große Internet-Enzyklopädie Wikipedia zum Zielort weiß.

«Hölle ist die Bezeichnung für die in vielen Religionen herrschende eschatologische Vorstellung von der jenseitigen Unterwelt als Ort oder Zustand der Qual und Aufenthaltsort der Dämonen, an den zur jeweiligen Religion Unbekehrte oder Übeltäter (zusammengefasst: die Bösen) nach ihrem Tode gelangen. (...) In christlichen Kirchen und Religionsgemeinschaften wird die Hölle meist als ein möglicher Ausgang des so genannten ‹Jüngsten Gerichts› gesehen, als Strafe der Verdammnis im Gegensatz zum Zustand absoluter Glückseligkeit (genannt ‹Paradies›, ‹Ewiges Leben› oder ‹Himmel›) und in Abgrenzung zum Fegefeuer. In die Hölle gelange der Mensch, der sich nicht entsprechend gewissenhafter Verhaltensregeln der jeweiligen Religionsgemeinschaft verhalte bzw. deren Glauben nicht teile.

Während die Hölle in einigen Weltreligionen der Läuterung dient und ein Ende hat (entweder insgesamt oder zumindest für jeden Einzelnen) und somit ein Mittel der Besserung ist, geht die Lehre der großen christlichen Religionsgemeinschaften von einer ‹ewigen Hölle› aus – einer Strafe als unveränderlichen Zustand, nicht als endlichen Vorgang.»

Nun ist Wikipedia, ob der dortigen jedermannschen Mitmachmentalität, nicht unbedingt als der Weisheit allerletzter Schluss zu bezeichnen und birgt dementsprechend auch nicht zwingend die Gefahr ganz besonders intime oder religionsinterne Details preiszugeben, bietet aber mit der Bemerkung, dass einzig und allein die christliche Hölle eine ewige ist, doch immerhin einen sehr schönen Einstieg in die psychologischen Strukturen und Wahnvorstellungen der katholischen Endlösung.

Riskieren wir zur subtilen Erweiterung unseres noch recht überschaubaren Wissensstandes doch einen Blick in eines der Standardwerke der diesbezüglichen Höllenfachliteratur. Kompakter wird es hier allerdings auch nicht. Ganz im Gegenteil.

Und was bietet sich dazu besser an, als der 1997 veröffentlichte und in mehrjähriger geistiger Vorarbeit von einer zwölfköpfigen Kardinals- und Bischofskommission unter dem Vorsitz eines gewissen Joseph Ratzinger aufgebrezelte Katechismus der katholischen Kirche, der sich bereits in seiner eigenen Einleitung sehr anschaulich selbst erklärt.

«*(2. Einleitung und Leitgedanken des Textes) Der ‹Katechismus der katholischen Kirche› ist die Frucht einer sehr weit gespannten Zusammenarbeit: Er wurde in sechs Jahren intensiver Arbeit im Geist gewissenhafter Offenheit und engagierten Eifers erarbeitet.*»

Wobei man sich bei den folgenden Erläuterungen nicht des Eindrucks erwehren kann, dass die Kategorie «im Geist gewissenhafter Offenheit» zugunsten des «engagierten Eifers» erhebliche Verluste hinnehmen musste.

«*(3. Anordnung des Inhalts) Ein Katechismus muss getreu und organisch die Lehre der Heiligen Schrift, der lebendigen Überlieferung in der Kirche und des authentischen Lehramtes, ebenso wie das geistliche Erbe der Väter, der heiligen Männer und Frauen der Kirche darstellen, um das christliche Geheimnis besser erkennen zu lassen und den Glauben des Volkes Gottes neu zu verlebendigen.*»

So weit, so verworren. Wesentlich deutlicher sitzt da die direkt nachfolgende Erläuterung, die grundsolide auf den Punkt bringt, wer neben Ratzinger und Kollegen der spirituelle Hauptverantwortliche dieses christlichen Leitfadens ist, gilt der Katechismus doch immerhin als «ein Handbuch der Unterweisung in den Grundfragen des christlichen Glaubens». (Wikipedia)

«*(3. Anordnung des Inhalts) Er* (der Katechismus) *muss die Entfaltung der Lehre berücksichtigen, die der Heilige Geist im Laufe der Zeit der Kirche eingegeben hat.*»

Einmal mehr muss der Heilige Geist herhalten. Jenes ominöse Hypostasen- und damit gleichsam Hypothesendrittel der göttlichen Seinsstufen, das sich im Lauf seiner Karriere der unterschiedlichsten Übungen, wie etwa des geheimnisvollen Verschwindenlassens kompletter Schokoladenbestände, schuldig machte.

Die Unberechenbarkeit des Heiliges Geistes, den man sich allerdings weniger als frommes Gespenst denn als seinen Zeitgeistkollegen dauerhaft ignorierendes Hirngespinst vorstellen darf, hat vor etwa fünfunddreißig Jahren bereits meine Großmutter erkannt, als sie mich – der ich meine vermeintliche Ahnungslosigkeit hinter einem großäugig angelegten Unschuldsblick zu verschanzen suchte – an ihrer Theorie bezüglich der wie von Geisterhand geleerten Schublade, in der sie für gewöhnlich ihr Naschwerk versteckte, teilhaben ließ: «Und wer hat die Schokolade weggenommen? Der Heilige Geist?»

Ein weiteres wichtiges Aufgabenfeld des Heiligen Geistes – das er sich anscheinend in einer fragwürdigen Allianz mit dem Kaiser von China teilte – war das konsequente Verweigern von uns Kindern auferlegter dörflicher Verrichtungen. «Und wer soll am Samstag um Punkt fünfzehn Uhr die Straße kehren, wenn du zum Fußballspielen willst, der Heilige Geist?»

Alles in allem also ein nur schwer einzuschätzendes metaphysisches Gewaber, dem einiges, wenn nicht alles zuzutrauen ist. Dementsprechend ist auch ein intellektuelles Unter-die-

Arme-Greifen Ratzingers natürlich nicht ohne Weiteres von der Hand zu weisen. Ratzinger selbst wird die Eingebung seines spirituellen Co-Autors wohl nur allzu gerne in Anspruch genommen haben, hatte er seinerzeit doch sicherlich bereits genug mit seinen sonstigen Aufgaben als Präfekt und damit unisono Großinquisitor der Glaubenskongregation, der Nachfolgeorganisation der Inquisition, zu tun.

In Teil IV des Katechismus geht es dann auch endlich in gewohnt sachlicher, wenn auch noch recht allgemeiner Manier explizit um die Hölle:

«(IV Die Hölle, 1035) *Die Lehre der Kirche sagt, dass es eine Hölle gibt und dass sie ewig dauert.*» Ätschi-bätsch!!!

«(IV Die Hölle, 1035) *Die Seelen derer, die im Stand der Todsünde sterben, kommen sogleich nach dem Tod in die Unterwelt, wo sie die Qualen der Hölle erleiden, ‹das ewige Feuer›.*» Punkt. Beziehungsweise basta. Oder hier tatsächlich einmal passend: Amen.

Direkt im Anschluss folgt die Erläuterung der – neben Auf-Facebook-nicht-mehr-miteinander-befreundet-sein-Wollen – wohl schlimmsten aller einem Menschen drohenden Strafen und Demütigungen:

«(IV Die Hölle, 1035) *Die schlimmste Pein der Hölle besteht in der ewigen Trennung von Gott, in dem allein der Mensch das Leben und das Glück finden kann, für die er erschaffen worden ist und nach denen er sich sehnt.*»

Oder kurz zuvor:

«(IV Die Hölle, 1033) *In Todsünde sterben, ohne diese bereut zu haben und ohne die barmherzige Liebe Gottes anzunehmen, bedeutet, durch einen eigenen freien Entschluss für immer von ihm getrennt zu bleiben. Diesen Zustand der endgültigen Selbstausschließung aus der Gemeinschaft mit Gott und den Seligen nennt man Hölle.»*

Allerdings ...

«(IV Die Hölle 1037) Niemand wird von Gott dazu vorherbestimmt, in die Hölle zu kommen: nur eine freiwillige Abkehr von Gott (eine Todsünde), in der man bis zum Ende verharrt, führt dazu.»

Na immerhin. Und wenn man mal davon absieht, dass solche saloppen Richtungsänderungen bereits aus rein rhetorischer Sicht ebenfalls für eine bombensichere Fahrkarte in die Hölle reichen sollten, verwundert es – in Anbetracht der Überlegung, dass ein finales Sich-nicht-von-Gott-Abkehren letztlich wohl selbst das sündigste Leben am Ende noch prima rumreißen kann – nur wenig, dass Unmengen Kinder vergewaltigender Geistlicher noch immer mit einem lächelnd gen Himmel optimistelnden Blick durch die Gegend schwänzeln. Denn von Gott hat man sich beim Kinderficken ja nicht abgekehrt. Lediglich die Kinder mussten einem da bisweilen mal den Rücken zuwenden.

In einem bemerkenswerten Gegensatz in der Bewertung der Ablehnung jenes Glaubensgeschenks steht allerdings der kluge Satz des ehemaligen evangelischen Theologen Paul Schulz, der unter anderem als «Hamburger Ketzerpastor» einer breiteren Öffentlichkeit bekannt gewordenen ist und – wahrscheinlich in besagter Funktion als klerikaler Krawallmacher eingeladen – am 19. 06. 2007 in der ARD Sendung *Menschen bei Maischberger* erklärte: «Die Befreiung von Gott ist der größtmögliche Durchbruch zu einer autonomen Existenz.»

Also nix mit Hölle. Oder ist die angedeutete autonome Existenz am Ende nur in der Hölle möglich? Ist selbstständiges Denken dementsprechend der sicherste Weg dorthin? Sollte man es also besser tunlichst vermeiden, von geheimnisvollen Mächten auferlegte Regeln zu brechen und sein Leben selbst zu bestimmen? Beispielsweise beim täglichen Zähneputzen einmal rebellisch auf gängige Konventionen pfeifen und bereits morgens *elmex* und erst abends *aronal* benutzen?

Wenn man sich an den Berichten, Geschichten und Auflagen Hunderter Jahre scheuklappigen Kirchendenkens und der entsprechenden Richtungsangaben orientiert anscheinend schon.

Nun ist das Geschenk des Glaubens natürlich schön und gut, weil rational nicht so recht zu packen, doch das auf weitaus solideren Füßen stehende Geschenk des Wissens wird ja nicht einmal als Option geführt. Eine Verweigerung, deren Grund allerdings selbst auf den ersten flüchtigen Blick nur allzu leicht zu durchschauen ist, eignet man sich Wissen doch ausschließlich selbst an, während der im Katechismus gepriesene Glauben sich ohne das lästige Vehikel des Selberdenkens einmal mehr auf krudeste okkulte Vermutungen und bewährte Schnapsideen beruft.

Die Geschichte hat jedoch leider oft genug bewiesen, dass Wissen bisweilen in nicht minder finstere Sackgassen führen kann. Siehe Atombombe, kreationistische Archäologiebemühungen oder die Überlegung der Nazis, sich (wider besseres Wissen) unbedingt Nazis zu nennen, wo die Bezeichnung doch so einen schlechten Ruf hat. In jedem Fall beinhaltet Wissen – sei es auch noch so falsch verwendet – nachvollziehbare, weil beweisbare Argumente und Kriterien, die es selbstverständlich auch nicht immer als geistige Überholspur ausweisen, aber man kommt damit doch weitaus besser voran als auf dem intellektuellen Standstreifen heiliger Schriften.

Doch neben den sachdienlichen Höllenhinweisen des Katechismus hat auch das «Katholische Apostolat St. Gallus – Tuningen», kurz Gallusapostolat, eine der römisch-katholischen Piusbruderschaft nahestehende Bewegung auf seiner Internetseite einige nützliche Ratschläge parat, beschränkt sich aber in der subtil unterschwelligen Weise, die man auch von ihren Glaubensbrüdern kennt, vornehmlich darauf, dem geneigten Reisenden dessen Irrglauben an eine vermeintliche höllische Behaglichkeit schüchtern zu zerpflücken. In der dortigen Katechese heißt es dann auch diplomatisch zurückhaltend:

«Die Hölle:
Es ist ein entsetzliches Unglück, in der Todsünde zu sterben. Wer bis zuletzt die Liebe und das Erbarmen Gottes von sich gestoßen hat und in der Todsünde gestorben ist, hat sich dadurch selbst für ewig von Gott getrennt. Er wird von Gott verdammt und kommt in die Hölle.
Die Verdammten in der Hölle können und werden Gott niemals schauen! – Sie sind auf ewig von Ihm verstoßen! Dies ist die schlimmste Strafe der Hölle. Sie sind auch getrennt von Christus und ausgeschlossen aus der Gemeinschaft der Heiligen. Dazu leiden sie die Qualen des höllischen Feuers, werden fortdauernd von ihrem Gewissen gepeinigt und wohnen in Gesellschaft der Teufel und der anderen Verdammten.»

Noch zu Wischiwaschi? Keine Sorge, es geht ja noch weiter.

«Auf Erden haben sie geglaubt, ohne Gott auskommen zu können, jetzt erfahren sie, dass man nur bei Gott glücklich sein kann. Sie verwünschen sich und werden von immerwährender Verzweiflung gequält. Ihre Strafe wird kein Ende nehmen, sie dauert in alle Ewigkeit fort!

Doch auch hier gibt es natürlich Hoffnung auf die ewigliche Liebe und die Gnade, die Frohe Botschaft Gottes, denn ...

«Die Verdammten leiden nicht alle gleich viel. Gott ist gerecht; wer schlimmer gesündigt hat, wird auch härter gestraft.»

Als Pointe natürlich grandios, doch ein Blick auf den sonstigen Humorgehalt der Galgenvögel des Gallusapostolats lässt leider befürchten, dass sie derlei Hoffnungsschimmer durchaus ernst meinen. Aber warum auch nicht? So steht's geschrieben und so wird es, den ehernen Gesetzen des Ätschi-Bätsch-Prinzips folgend, dann wohl auch sein. Einmal mehr spielt Gott Wyatt Earp und führt dem Teufel die Besatzung seiner Hölle zu.

Was aber sagt eigentlich die Bibel selbst zur Hölle? Oder noch weiter unten angesetzt, auf was geht die Hölle in der heiligsten aller Schriften letztlich zurück?

Die Antwort ist ausnahmsweise überraschend schlüssig und historisch prima zu belegen. Denn während im Alten Testament mit dem Begriff Hölle noch sehr sparsam umgegangen wird, geht die von Jesus in der Bergpredigt erwähnte Hölle erstaunlicherweise auf einen konkreten Ort zurück: auf eine Müllhalde in der Nähe von Jerusalem.

Im Neuen Testament vereint das Wort Hölle, das sich von der in der nordischen Mythologie beheimateten Totengöttin *Hel* und deren gleichnamigem Totenreich ableitet, allerdings die Übersetzung gleich zweier – und zudem recht unterschiedlich verwurzelter – griechischer Umschreibungen, die vom großen Translator Luther jedoch beide in nur einem einzigen Wort zusammengefasst und übersetzt wurden: Hölle.

Da wäre einerseits *Hades*, was wiederum sowohl den Namen des in der griechischen Mythologie angesiedelten Herrschers beziehungsweise Gottes über das griechische Totenreich (einlochbereite Kalauer zur wirtschaftlichen Vitalität Griechenlands seien an dieser Stelle bewusst ausgespart) als auch dessen sicherlich nur wenig demokratisch geführte Unterwelt bezeichnet, andererseits aber auch als Zustand der Toten interpretiert werden kann. Zusammengenommen lässt sich dieses erste Paket vielleicht am besten mit dem des ZDF-Fernsehgartens unter Mitwirkung von Costa Cordalis vergleichen.

Auch wenn sich hier natürlich ebenfalls gewisse Müllhaldenassoziationen anböten, ist aber doch die zweite neutestamentarische Übersetzung des Begriffes Hölle, die aus kulturhistorischer Sicht weitaus schlüssigere.

Es handelt sich hierbei um das ebenfalls aus dem Griechischen übertragene und unter anderem Jesus beim Mahnen und Warnen in der Bergpredigt (Matthäus 5:22, 29, 30) in den Mund gelegte Wort *Gehenna*, das man etwa mit die «Schlucht» oder das «Tal Hinnom» übersetzen kann.

In diesem südlich von Jerusalem gelegenen Tal, das vom Fuß des Berges Zion bis zum Kidrontal reicht, sollen sich bereits laut Altem Testament, das nun wahrlich nicht arm an rachegestählten Reißern des Kalibers «Ein Gott sieht rot» ist, finsterste Grausamkeiten wie etwa das Opfern von Kindern abgespielt haben. Eine Tradition, die später von der katholischen Kirche, deren Geschichte nicht nur laut Johann Wolfgang von Goethe aus einem «Mischmasch von Irrtum und Gewalt» besteht, in Form von universellem Kindesmissbrauch konsequent wieder aufgegriffen und in perfider Manier fortgesetzt wurde.

Lange Zeit galt der Ort Gehenna als eine Totenstadt, als Nekropole, in der Generationen von Leichen verbrannt wurden, während es die katholische Kirche im späteren Zeitalter der Inquisition in punkto Zündeleien mit der ordnungsgemäßen Reihenfolge – sprich zuerst totsein, dann verbrennen – der entsprechenden Biomasse ja nicht immer ganz so genau nahm.

Zu Zeiten Jesus' wurde der von ihm erwähnte und in der Lutherbibel mit Hölle übersetzte Ort *Gehenna* aller Wahrscheinlichkeit nach tatsächlich als Müllhalde benutzt, auf der die Bevölkerung ihren Unrat zusammentrug und verbrannte und der den Menschen wegen der dort permanent kokelnden Müllentsorgung wahrscheinlich im wahrsten Sinne des Wortes als «Ort des ewigen Feuers» geläufig war. Jesus, zu dessen historischer Relevanz und vermeintlicher Einzigartigkeit wir an späterer Stelle noch ausführlicher kommen werden, verglich also laut Bibel in der Bergpredigt das Verharren in der Sünde sinngemäß mit einem «auf die Gehenna, sprich Müllhalde» geworfen werden.

Von einem zukünftigen Daueraufenthalt an einem drohenden «Ort ewigen Feuers», von einer Höllendefinition, wie sie uns aus kirchlichen Schauergeschichten bekannt ist, war da also offensichtlich niemals die Rede. Und direkt vom Berg heruntergepredigt schon gleich gar nicht. Gehenna war vielmehr der Name eines tatsächlich existierenden, wenn auch sicherlich nicht sonderlich lauschigen Ortes, einer antiken Mülldeponie in der Nähe von Jerusalem.

Bei der in der Bibel verankerten Höllenübersetzung *Gehenna* – beim erwähnten Ursprung des Wortes *Hades* kann man das schon eher durchgehen lassen – handelt es sich also weder um die dogmatische Drohgebärde, was einen wenig gottesfürchtigen Menschen nach dessen Tod denn alles so an vermeintlichen Höllenqualen erwartet, noch um den dazugehörigen Ort ewiger Verdammnis, sondern vielmehr um eine Gemüts- oder Zustandsbeschreibung, die nur den wenigsten von uns vollkommen fremd sein dürfte. Denn wer hat sich beispielsweise nach einer durchsündigten Nacht noch nie «wie auf den Müll geschmissen» gefühlt?

Letzteres übrigens ein Ort, auf den solche grotesken Mutmaßungen wie die, sich nach dem eigenen Ableben aufgrund eines Verweigerns gottgewollter Absurditäten in einer transzendental brennenden Sicherheitsverwahrung wiederzufinden, endgültig geworfen gehören.

Auf das Herstellen eines weiteren stichhaltigen Zusammenhangs zwischen biblischem Himmel und artverwandter Hölle in Form der von Jim Henson für die Fernsehserie *Die Fraggles* erfundenen Puppe *Marjorie, die allwissende Müllhalde* sei hier ausdrücklich verzichtet. Wenn auch deren Ratschläge, beispielsweise immer einen Hut zu tragen, denen anderer Allwissender in Sachen Alltagstauglichkeit durchaus etwas voraus haben.

Dennoch sollte man die Wahnvorstellungen der katholischen Kirche auch nicht allzu vorschnell verurteilen, denn selbst wenn eine sehr schöne Stilblüte, angeblich von ihrem kindlichen Verfasser im Rahmen eines Schulaufsatzes zum Thema «Vatikan» erkannt und aufgeschrieben, besagt, dass «der Papst im Vakuum lebe», so ist doch bisweilen sogar der

Heilige Vater bereit, kleinere Unstimmigkeiten des katholischen Höllenbildes wahrzunehmen und auf die Müllhalde gedanklicher Absonderheiten zu werfen. Ob einmal mehr mit oder diesmal sogar ohne die Hilfe des Heiligen Geistes sei mal dahingestellt.

Wir erinnern uns. Im Jahre des Herrn 2007 hat der Vatikan offiziell die Vorhölle geschlossen. Der Limbus, so die korrekte Postadresse, galt jahrhundertelang als ebenfalls ewig währendes jenseitiges Auffanglager für ungetauft gestorbene Kleinkinder, denen zwar durch den Makel der noch nicht absolvierten Taufe der direkte Weg ins Himmelreich verwehrt wurde, die aber andererseits auch durch ihren frühen Tod noch nicht den Gefahren und der Versuchung eines sündigen Lebens ausgesetzt waren. Eine knifflige Situation, die allerdings souverän gelöst wurde, indem der Vatikan nonchalant erklärte, seine klerikalen Zentraldenker seien nach zwei Jahren reflektierten Nachgrübelns zu der Auffassung gelangt, dass ungetaufte Kinder nun doch directement ins Paradies kämen.

Obwohl der traditionelle Glaube an den Limbus nie offiziell zur Kirchenlehre gehörte, befand seinerzeit der theologische Ausschuss, dass die Vorhölle «eine unzulässige Sicht der Erlösung» darstelle, da es «theologische Grundlagen und ernst zu nehmende Liturgien gibt, die hoffen lassen, dass ungetaufte Säuglinge erlöst werden, wenn sie sterben».

Eine Erkenntnis, die den kleinen Seelen natürlich doppelt entgegenkommen dürfte, denn in den mittelalterlichen Glaubensgebilden – also vor 2007!! – tummelten sich im Limbus neben besagten ungetauften Kleinkindern vor allem gute Menschen, die vor Christi Geburt gestorben sind. Und ob sich nun ausgerechnet diese beiden Parteien viel zu sagen hätten, um die gemeinsame Ewigkeit möglichst kurzweilig zu gestalten, darf zumindest angezweifelt werden.

Was aber hat sich in den vergangenen Jahren seit der offiziellen Schließung getan? Wurden auch die bis 2006 gestorbenen Babys rückwirkend in den Himmel beordert? Und was zum Teufel wurde nach der Abschaffung der Vorhölle aus den vor unserer Zeitrechnung dorthin deportierten guten Menschen?

Allzu viele Konsequenzen des revolutionären Umbaus sind ja bis dato noch nicht an die Öffentlichkeit gedrungen. Selbst Radio Vatikan, Gottes Draht in den Äther, hat sich nicht dezidierter zum Thema geäußert. Vielmehr stellen sich im Zuge der Limbusinsolvenz auch noch eine Menge anderer Randgruppenfragen. Schließlich sind im Lauf der Jahrtausende immer mehr Menschen tot.

Was passiert beispielsweise nach ihrem Tod mit all den Agnostikern und Atheisten, die dennoch – quasi unbewusst – auch nach Christi Geburt ein gutes und moralisch einwandfreies Leben geführt haben? Die sich stets um Werte wie Nächstenliebe und Barmherzigkeit bemüht haben, nur eben ohne einen kirchlichen Dachverband?

Als konkretes Beispiel soll hier die Frage nach dem Verbleib des Prototyps eines guten Kerls dienen, Lucky Luke. Der widmete sein Leben der Gerechtigkeit, half den Armen und Schwachen, wo er nur konnte, war immer gut zu Tieren, respektierte grashalmkauend die von Gott geschaffene Natur, hat aufgehört zu rauchen und sich den Überlieferungen nach auch sonst nichts Bedenklicheres zuschulden kommen lassen. Nicht einmal von vorehelichem Geschlechtsverkehr war je die Rede. Also unterm Strich ein durchaus gottgefälliger, guter Mensch – aber eben leider erst im Wilden Westen.

Schätzte man vor Beginn unserer Zeitrechnung in punkto spiritueller Beweglichkeit noch eine gewisse optionale Narrenfreiheit, wurden spätestens mit der Machtergreifung des Christentums andere Saiten aufgezogen. Und ob Lucky Luke ein rechtschaffen gläubiger oder doch tatsächlich lediglich ein verdammt einsamer Cowboy war, ist im Nachhinein nicht einmal mehr annähernd zu klären. Wurde also auch ihm die Ungnade der späten Geburt zuteil? Bringt er mittlerweile, wo auch immer, den Frühmenschen das Schießen bei oder ging es trotz seiner unstrittig moralischen Qualifikation direkt ab ins müllgetränkte Flammenmeer? Falls dem allen Ernstes so sein sollte, könnte man ihn dann nicht einfach im Rahmen der nächsten Ladung toter Säuglinge mit nach oben schicken?

Denn dass der Vatikan lernfähig und gnädig ist, beweist ja allein die Tatsache, dass Galileo Galilei bereits 1992 – nur schlappe 350 Jahre nach seinem Tod – großzügig rehabilitiert wurde und die Kirche damit offiziell zugab, die Erde sei wohl nun doch nicht der fixe Mittelpunkt des Universums.

Da dürfte doch bei der Mord und Totschlag gestählten Geschichte der Frohen Botschaft und der gütigen Päpste auch noch was für einen einsamen Revolverhelden drin sein. Bleibt also abzuwarten, ob hinsichtlich Lucky Himmelfahrt vielleicht nachträglich auch noch nachgebessert wird, zumal man ja vor historisch bedeutsamen Überraschungen niemals so ganz gefeit ist. Kolumbus wird seinerzeit sicherlich auch nicht schlecht gestaunt haben, als er beim angeblichen Amerika-Entdecken mit seinen drei Schiffen an der mit Wikingerhelm bestückten Freiheitsstatue vorbeikam.

Doch auch mit der Schließung des Limbus' bleibt ja, will man etwa Dante Alighieris Höllenaufbau in der *Göttlichen Komödie* glauben, noch immer ein veritabler Batzen konzentrischer Höllenkreise und anderer architektonischer Fegefeuerfirlefanz übrig. Wobei man sich nicht der lächerlichen Versuchung hingeben sollte, den Wahrheits- oder sonstigen Gehalt einer fiktiven literarischen Abhandlung aus dem 14. Jahrhundert mit dem einer im vorauseilenden Geiste der Brüder Grimm aus unterschiedlichsten Märchen und Mythen zusammengetragenen noch weitaus älteren heiligen Schrift oder gar einer neuzeitlich aus dem Vakuum eingeleiteten Räumungsklage zu vergleichen.

Doch wir müssen uns nicht grämen, wenn mit der Höllenverkleinerung von 2007 der Wohnraum und damit gleichsam die Wirkungsstätte des Teufels ein wenig gestutzt wurde, denn ein Besuch in der Hölle lohnt sich natürlich allemal. Und sei es auch nur, um die dort sicherlich brodelnde laxe Zahnpflegemoral zu besichtigen.

Bleibt die leidige Frage des sicheren Dorthinkommens. Der eingangs erwähnte ADAC-Routenplaner scheint trotz des geografisch recht solide einzuordnenden, historischen Ursprungs der Hölle, *Gehenna* bei Jerusalem, jedenfalls nicht so recht zu funktionieren und zumindest spirituell praktisch ins Leere zu führen. Und auch der Option des AC/DC-Routenplaners, der angeblich sogar eine Autobahn direkt zum Zielort kennt, ist irgendwie nicht so recht zu trauen, immerhin sind die Höllenrocker Australier, die bekanntlich auf der anderen Seite der Erdkugel allesamt auf dem Kopf stehen und dergestalt wahrscheinlich ihren Highway sogar in die von uns aus betrachtet falsche Richtung, nämlich nach oben schicken. Oder ist die australische Richtung am Ende gar nicht so falsch?

Mit profaner Geografie ist einem ordnungsgemäßen Höllenbesuch also nicht beizukommen. Unsere einzige Chance liegt wohl tatsächlich im Aufgreifen oder dauerhaften Beibehalten bestimmter eigenverantwortlicher, aber gottloser Verhaltensmuster. Einige der sichersten und mehrspurig ausgebauten Wege zur geistlichen Version der alten Jerusalemer Müllkippe lernen Sie in den folgenden Kapiteln kennen.

Alle die jedoch bereits auch nur zwei Minuten lang einen Auftritt von Mario Barth oder eine ähnlich gelagerte Fernsehprunksitzung verfolgt haben, dürfen sich die Rückkehr in die Hölle sparen und müssen nicht noch mal mitkommen.

3

Die 10 Gebote

Die Mutter aller Listen herausgegeben vom Vater aller Dogmen. Warum Gott kein Hippie ist und es sich blind am besten glauben lässt. Über Charlton Heston, Fingerfarbe, allerlei Himmelschreiendes und blaue Schnüre auf den Quasten gläubiger Zipfel.

Nicht erst seit den unsäglichen *Die 10 soundso Hitlisten*-Sendungen auf RTL erfreut sich der Mensch am Auflisten der unterschiedlichsten Dinge. Doch während es sich bei besagtem RTL-Format eher um Aufstellungen der Körbchengröße «Die 10 besten Siebtplatzierten aus vier Jahren DSDS», «Die 10 verrücktesten FDP-Frisuren» oder einfach nur die «10 besten Top Ten» handelt, ist die berühmteste aller Tabellen da schon aus einem etwas anderen Holz geschnitzt.

Und wie ernst es Gott mit der Einhaltung seiner Regeln ist, daran hat er seinerzeit bereits beim persönlichen Überreichen der beiden Steintafeln an Moses nicht den geringsten Zweifel aufkommen lassen.

Während ein heutiger, moderner, auf Mitbestimmung und Emanzipation ausgerichteter Gott seine Gebote wahrscheinlich mit nur wenig Furcht einflößenden Worten übergeben hätte: «Hier Moses, du, ich hab da mal ein bisschen was aufgeschrieben.

Wenn du da vielleicht mal drübergucken könntest, fänd ich das echt super», war nicht nur diesbezüglich mit dem alttestamentarischen Gott Jahwe nicht sonderlich gut Kirschen essen. Zwar wirken die eigentlichen Übergabemodalitäten an manchen Bibelstellen noch recht moderat, ja fast schon sachlich:

«Und als der Herr mit Mose zu Ende geredet hatte auf dem Berge Sinai, gab er ihm die beiden Tafeln der Gesetze; die waren aus Stein und beschrieben von den Fingern Gottes.» (2. Mose 31:18, Lutherbibel)

Doch kann man sich in Anbetracht des vor allem im Alten Testament immer wieder an den Tag gelegten cholerischen Jähzorns des Herrn – gerade wenn es um spirituelle Mitbewerber ging – nur allzu gut vorstellen, was diejenigen erwartet, die nicht ordnungsgemäß spuren. Und eine handfeste Drohgebärde konnte sicherlich nicht schaden, wenn man bedenkt, dass die Tafeln *«beschrieben von den Fingern Gottes»* waren. Denn wer schon mal mit Fingerfarbe geschriebene Gesetzestexte gesehen hat, weiß, dass die nun mal weder sonderlich einschüchternd noch autoritär wirken, weil eben nur bei den wenigsten neben der Wiese, dem Baum und dem Haus oben links das obligatorische fröhlich lachende Sonnengesicht fehlt.

Doch die Tafeln, die Gott Moses gab, hat der ja ohnehin direkt zerdeppert. Als er *«(...) vom Berg hinabstieg und den Lebenswandel der Menschen sah, wie sie um das Götzenbild eines goldenen Kalbes herumtanzten, zerschlug Moses zornig beide Tafeln».* (2. Mose 32:19) Was ihm Gott, entgegen sonstiger Gewohnheiten, erstaunlicherweise aber nicht sonderlich krummnahm. Wahrscheinlich weil sich der Fauxpas im Rahmen von Moses' Empören über des Volkes Blasphemie ereignete – und dem Herrn ähnlich motivierte Kurzschlussausraster nicht fremd waren –, gönnte er seinem irdischen Mittelsmann nonchalant eine zweite Runde:

«Haue dir zwei steinerne Tafeln zu, wie die ersten waren, dass ich die Worte darauf schreibe, die in den ersten Tafeln waren, welche du zerbrochen hast.» (2. Mose 34:1, Lutherbibel)

Aber vielleicht war Gottes ungewöhnliche Milde auch einfach der Erkenntnis geschuldet, dass auch er im Nachhinein den Fingerfarben als Druckmittel für die Ewigkeit nicht mehr so recht vertrauen mochte und dementsprechend die Nummer sicherheitshalber von Moses wasserfest in Stein hauen ließ. Eine Tatsache, die man in der berühmtesten Verfilmung der Ereignisse, dem 1956 unter der Regie des religionsfilmerprobten Cecil B. DeMille entstandenen Monumentalschinken *Die zehn Gebote*, mit Charlton Heston als Moses und orchestraler Musik, dunklen Wolken und seltsamen Lichteffekten als Gott, gekonnt unter den Tisch fallen ließ. Ob allerdings Gottes Idee, nun ausgerechnet Charlton Heston die 10 Gebote in dessen seinerzeit noch gewehrlose Hand zu drücken, eine besonders gelungene Personalentscheidung war, mag nachträglich zumindest angezweifelt werden. Konsequent war es allemal.

Schließlich ist dem Mann im Lauf seines filmischen Wirkens so einiges Mysteriöse widerfahren: diverse Flugzeugabstürze, Erdbeben, Affenplaneten, und Galeerenjahre sind ja bekanntlich auch keine Herrenjahre. Doch auch im richtigen Leben vergaloppierte sich Herr Heston gerne mal bei seinen zahlreichen gedanklichen Ausritten, war er doch lange Jahre als seniler Kopf der National Rifle Association NRA Präsident der einflussreichsten amerikanischen Waffenlobby und damit für ein paar saubere Vorschläge zum fürsorglicheren Miteinander verantwortlich.

So hat er beispielsweise im Rahmen seines Pontifikats bei der NRA über die Sicherheit an amerikanischen Schulen nachgedacht und sich etwa nach dem Littleton-Massaker, bei dem 1999 fünfzehn Menschen ihr Leben verloren, darüber empört, man dürfe an höheren amerikanischen Schulen keinesfalls gute amerikanische Schüler ihrer guten amerikanischen Waffenfreiheit berauben, wohl aber deren Kleiderordnung ein wenig überdenken. So kam er zwecks Verhinderung weiterer Missetaten an Schulen zu dem ebenso weitsichtigen wie salomonischweisen Urteil, man solle an Schulen – anstatt der Wummen – lieber das Tragen langer Mäntel verbieten, unter denen die potenziellen Attentäter die Waffen ungesehen in die Schulen schmuggeln könnten. Ein selbst für Charlton Hestons intellektuelles Fassungsvermögen fast schon beängstigend kompakter Gedanke. (Von der erst Jahre später designten entsprechenden Event-Trendjacke mit Kapuze, dem sogenannten Amorak, konnte Herr Heston seinerzeit freilich noch nichts ahnen.)

Und mit dem eisernen Willen zum Durchboxen der Zehnerdoktrin beziehungsweise der Geistesgegenwart des daueraufgebrachten Verfassers verhält es sich ja im Prinzip nicht anders. Denn bei der folgenden Bibelstelle offenbart sich neben einer beeindruckenden Weitsicht (siehe Fingerfarbenkorrektur) nur allzu offensichtlich einmal mehr Gottes Rach- und Eifersucht, die in ihrem Ausmaß eher an die Auslandsreisen Dschingis Khans, denn einen Gott der Nächstenliebe erinnert.

«Hüte dich, dass du nicht einen Bund machest mit den Bewohnern des Landes, wohin du kommen wirst, dass sie nicht zum Fallstrick werden in deiner Mitte, sondern ihre Altäre sollt ihr niederreißen und ihre Bildsäulen zerbrechen und ihre Ascherim ausrotten, denn du sollst nicht einen anderen Gott anbeten; denn Jahwe, dessen Name Eiferer ist, ist ein eifernder Gott.» (2. Mose 34, 12–14)

So viel zu den Themen Integration und Nächstenliebe, oder wie Jürgen Klinsmann es im Rahmen der unter dem Motto «Die Welt zu Gast bei Freunden» stehenden Fußballweltmeisterschaft 2006 in der Halbzeitpause des Spiels gegen Argentinien ebenfalls nur wenig einladend rausposaunte: «Heute sind sie fällig, absolut fällig. Dann schlagen wir zu – und zwar brutal!!»

Doch auch das brutalste Zuschlagen, Niedermetzeln und Brandschatzen kann uns, wie wir bereits gelernt haben, in der Ewigkeit nichts anhaben, so wir uns denn vor dem Jüngsten Gericht nicht von Gott abkehren. Eine juristisch zwar recht fragwürdige Praktik, aber eine solche finale Absolution wird ja auch nicht von weltlichen Gesetzen bestimmt, sondern beruft sich auf die diesbezüglich eine sehr eindeutige Sprache sprechenden Passagen eines heiligen Buches. Dementsprechend geht das wohl klar.

Für ein souveränes In-die-Hölle-Kommen ist es daher quasi unabdingbar, sich mit den 10 Geboten respektive deren korrekter Aushebelung auseinanderzusetzen. Und das Brechen dieser Gebote – mit dem letzten christlichen Ausweg Reue und Buße – läuft dann auch folgerichtig unter dem Oberbegriff Todsünde, bei dessen Umsetzung besonders Uneinsichtigen logischerweise der Höllenbesuch droht, man also quasi den spirituellen Müll anderer Leute (wir erinnern uns an Gehenna) runterzubringen und auszubaden hat.

Eine sichere Rettung vor derlei Verrichtungen bietet die bereits angedeutete aufrichtige Reue, die aber ganz echt ehrlich und aus Liebe zu Gott kommen muss, doch gerade in der katholischen Kirchengeschichte – die eigenen Verfehlungen betreffend – nur sehr selten zu finden ist. Und wenn diese Reue dann auch noch den Wunsch beinhaltet, das Bußsakrament zu erhalten, dann sieht es in Sachen Hölle gleich noch einen Tick weniger rosig aus. Das Bußsakrament wiederum erhält man ohne größere Formalitäten in der persönlichen Beichte von einem Priester *in persona christi*, der ja, wie wir alle wissen, nach seinem eigenen und dem Selbstverständnis seiner Kirche, die göttliche Vollmacht dazu besitzt.

Zur besseren Einordnung der zu beichtenden Sünden sei an dieser Stelle noch deren hilfreiche Unterteilung in «lässliche Sünden», «Todsünden» und tatsächlich «himmelschreiende Sünden» erwähnt, um der Sache im Sinne der eingangs erwähnten Hitlisten noch eine gewisse Wertigkeit und Brisanz mit in den Beichtstuhl oder eben – so der nicht greifen sollte – in die Hölle zu geben.

Die «himmelschreienden Sünden» bilden beispielsweise im Gegensatz zu denen lässlicher Art sogar noch eine Steigerung zur Todsünde. Zur näheren Erläuterung des Begriffs der ultimativen himmelschreienden Sünden ziehen wir einmal mehr den katholischen Katechismus von 1997 zu Rate, der fünf solche Sünden kennt. Zum Himmel schreit demnach Folgendes:

«(V, Die Ausbreitung der Sünde, 1867) (...) Zum Himmel schreien das Blut Abels [Vgl. Gen 4,10], die Sünde der Sodomiten [Vgl. Gen 18,20; 19,13], die laute Klage des in Ägypten unterdrückten Volkes [Vgl. Ex 3.7-10], die Klage der Fremden, der Witwen und Waisen [Vgl. Ex 22, 20-22] und der den Arbeitern vorenthaltene Lohn [Vgl. Dtn 24,14-15; Jak 5,4].»

Ob der Ausdruck «zum Himmel stinken» seinen Ursprung, wie man das immer mal wieder liest, in den in dieselbe Richtung schreienden Sünden hat oder sich doch eher auf den im zweiten Kapitel behandelten historischen Ursprung des Wortes Hölle beruft, soll an dieser Stelle ausnahmsweise gar nicht weiter durchleuchtet werden.

Damit man eine Sünde überhaupt als besonders schwerwiegend bezeichnen kann und sie damit beste Voraussetzung für den Weg in die Hölle ist, muss sie allerdings erfolgreich gleich zwei Kategorien meistern: Sie muss mit vollem Bewusstsein und aus freiem Willen begangen worden sein. Wenn es sich dann noch um ein Vergehen des Kalibers Apostasie, sprich Glaubensabfall handelt, dann dürfte – so nicht die von Priesterhand erteilte göttliche Vollmacht der Absolution dazwischenfunkt – der Teufel schon erwartungsvoll die Pforten seiner Müllhalde öffnen.

Doch auch bei weit geringeren Sünden ist dem Herrn oft nicht nach Bewährungsstrafen zumute, wie eine weitere sehr schöne entsprechende Bibelstelle aus dem Buch Mose zeigt:

«Als nun die Kinder Israel in der Wüste waren, fanden sie einen Mann Holz lesen am Sabbattage. Und die ihn darob gefunden hatten, da er das Holz las, brachten sie ihn zu Mose und Aaron und vor die ganze Gemeinde. Und sie legten ihn gefangen; denn es war nicht klar ausgedrückt, was man mit ihm tun sollte. Der HERR aber sprach zu Mose: Der Mann soll des Todes sterben; die ganze Gemeinde soll ihn steinigen draußen vor dem Lager. Da führte die ganze Gemeinde ihn hinaus vor das Lager und steinigten ihn, dass er starb, wie der HERR dem Mose geboten hatte.»

(4. Buch Mose, Kapitel 15, 32–36)

Ratzfatz, da wurde nicht erst lange verhandelt und unsinnigen Plädoyers, wie man das aus zahlreichen amerikanischen Gerichtsfilmen kennt, gelauscht, sondern der arme Kerl musste aufgrund blasphemischen Holzsammelns, das dem Manne als frühgeschichtlichem Jäger und Sammler ja quasi in die Wiege gelegt wurde, umgehend durch Steinigung des Todes sterben. Ein klassischer Fall von «zur falschen Zeit am falschen Ort», nämlich samstags bei Tageslicht mit Holz unterm Arm in der Nähe von Moses Mörderbande.

Doch Gottes Wille und sein störrisch-infantiles Immer-den-eigenen-Kopf-durchsetzen-Wollen betrifft auch weitaus alltäglichere, wochentagsunabhängige Fragen. Eine weitere Eigenheit des Herrn, die man sogar ohne große Umwege in den Fetischbereich einordnen kann, scheint jedenfalls sogar bis in die frühe Welt der Mode zu reichen. Wobei sich mit der Umschreibung «Quasten an den Zipfeln» auch ohne Weiteres eine gewisse Verbindung zur geistigen Welt Loriots herstellen ließe.

«Und der HERR sprach zu Mose: Rede mit den Kindern Israel und sprich zu ihnen, dass sie sich Quasten machen an den Zipfeln ihrer Kleider samt allen ihren Nachkommen, und blaue Schnüre auf die Quasten an die Zipfel und sollen euch die Quasten dazu dienen, dass ihr sie ansehet und gedenket aller Gebote des HERRN und tut sie, dass ihr nicht von eures Herzens Dünken noch von euren Augen euch umtreiben lasset und abgöttisch werdet. Darum sollt ihr gedenken und tun alle meine Gebote und heilig sein eurem Gott. Ich bin der HERR, euer Gott, der euch aus Ägyptenland geführt hat, dass ich euer Gott wäre, ich, der HERR, euer Gott.» (4. Buch Mose, Kapitel 15, 37–41)

Doch gerade die gegen Ende bedrohlich Überhand nehmenden Wiederholungen seines Status lassen in Kombination mit dem seinen Anhängern auferlegten modischen Faible «blaue Schnüre auf die Quasten der Zipfel» vermuten, dass Gott mit besonders autoritärem Getue seine diesbezüglichen, vielleicht sogar sexuell motivierten Vorlieben zu kaschieren versuchte. Vielleicht handelt es sich aber auch lediglich um eine harmlose Schwärmerei und er war damals einfach kein Freund von roten Fäden an den Fransen der Gewänder. Eventuell sollen derlei optische Schmankerl auch lediglich eine Art auffälligeren Erinnerungsknoten im Taschentuch symbolisieren, um – wie Gott selber sagt – beim Begucken der blauen Schnüre auf den Quasten an den Zipfeln das Gewicht seiner Gebote zu veranschaulichen.

Doch fernab der undurchsichtigen Welt der Mode und eigentümlicher Präferenzen drohen ja noch immer die 10 Gebote, die, ausreichend missachtet, einen der sichersten Wege in die Hölle darstellen dürften. Mit jenen 10 Geboten hat Gott gewisse Verhaltensregeln – ob nun in Stein gemeißelt oder wie beim Original mit Fingerfarbe – für eine ordnungsgemäße Eigenhuldigung formuliert. Und dieses obskure Regelwerk hat noch heute einen nicht ganz unbedeutenden Einfluss auf die theologische Ethik und dergestalt in all seiner Anmaßung die abendländische Kultur- und Kirchengeschichte nicht unwesentlich beeinflusst. Da im Lauf der Jahrhunderte die unterschiedlichsten Versionen und Übersetzungen der Gebote, die sich jedoch hauptsächlich in gewissen Formulierungen und der Reihenfolge unterscheiden, die Runde machten, beschränken wir uns der Einfachheit halber auf deren Wortlaut in der Lutherbibel (2. Mose 20:1–17), die hier ja bereits des Öfteren zitiert wurde.

Hier also die Mutter aller Listen herausgegeben vom Vater aller Dogmen:

1. Ich bin der Herr, dein Gott, der ich dich aus Ägyptenland, aus der Knechtschaft, geführt habe. Du sollst keine anderen Götter haben neben mir.

2. Du sollst dir kein Bildnis noch irgendein Gleichnis machen, weder von dem, was oben im Himmel, noch von dem, was unten auf Erden, noch von dem, was im Wasser unter der Erde ist: Bete sie nicht an und diene ihnen nicht! Denn ich, der Herr, dein Gott, bin ein eifernder Gott, der die Missetat der Väter heimsucht bis ins dritte und vierte Glied an den Kindern derer, die mich hassen, aber Barmherzigkeit erweist an vielen Tausenden, die mich lieben und meine Gebote halten.

3. Du sollst den Namen des Herrn, deines Gottes, nicht missbrauchen; denn der Herr wird den nicht ungestraft lassen, der seinen Namen missbraucht

4. Gedenke des Sabbattages, dass du ihn heiligest. Sechs Tage sollst du arbeiten und alle deine Werke tun. Aber am siebenten Tage ist der Sabbat des Herrn, deines Gottes. Da sollst du keine Arbeit tun, auch nicht dein Sohn, deine Tochter, dein Knecht, deine Magd, dein Vieh, auch nicht dein Fremdling, der in deiner Stadt lebt. Denn in sechs Tagen hat der Herr Himmel und Erde gemacht und das Meer und alles, was darinnen ist, und ruhte am siebenten Tage. Darum segnete der Herr den Sabbattag und heiligte ihn.

5. Du sollst deinen Vater und deine Mutter ehren, auf dass du lange lebest in dem Lande, das dir der Herr, dein Gott, geben wird.

6. Du sollst nicht töten.

7. Du sollst nicht ehebrechen.

8. Du sollst nicht stehlen.

9. Du sollst nicht falsch Zeugnis reden wider deinen Nächsten.

10. Du sollst nicht begehren deines Nächsten Haus. Du sollst nicht begehren deines Nächsten Weib, Knecht, Magd, Rind, Esel noch alles, was dein Nächster hat.

Bereits im Begrüßungsgebot wird mit der Eröffnung «*Ich bin der Herr, dein Gott*» erst einmal für klare Verhältnisse in der Hackordnung gesorgt und offenbart, wer hier – im wahrsten Sinne des Wortes – Herr im Haus ist. Und als ob Gott seiner eigenen Vorstellung trotz der schnörkellosen Einführung selbst noch nicht so recht über den Weg traut, wird sicherheitshalber unmittelbar im Anschluss abermals die Visitenkarte aus Ägyptenland nachgeschoben, nur um im zweiten Satz einmal mehr eindringlich an die eigene Exklusivität zu erinnern. Ob er sich allein aufgrund seiner Lotsenfunktion als Fluchthelfer die Gottesberechtigung zuspricht, lässt das Gebot leider offen.

Doch die Verhältnismäßigkeit scheint hier so oder so gehörig aus dem Ruder geraten zu sein, denn wer besteht schon darauf, als Gott angebetet zu werden, nur weil er vor Ewigkeiten mal ein paar Leute aus Ägypten geschleust hat? Flugkapitäne und Reiseleiter machen das praktisch jeden Tag, und zwar – wenn man mal von den Checklisten der Flugkapitäne oder den Benimmregeln der Busfahrer absieht – ohne abenteuerliche Bedingungen und ohne gleich ein ganzes Volk vom Regen in die Traufe zu führen.

Beim zweiten Gebot, das im Mittelteil nochmals kurz den Schlussteil des ersten runterbetet, geht es im weiteren Verlauf dann auch schnurstracks wieder mit den üblichen Eifersüchteleien und Drohungen los: «*Denn ich, der Herr, dein Gott, bin ein eifernder Gott, der die Missetat der Väter heimsucht bis ins dritte und vierte Glied an den Kindern derer, die mich hassen (...).*»

Womit sich erstaunlicherweise die Rachegelüste Gottes spätestens nach der fünften Generation derer, die eventuell keine Quasten an den Zipfeln trugen, wieder etwas beruhigt hätten. An das Vergessen blauer Schnüre mag man in diesem Zusammenhang erst gar nicht denken. Aber so ist das ja oft bei Cholerikern, bereits nach wenigen Generationen wird nichts mehr so heiß gegessen, wie es gesündigt wurde.

Natürlich wäre es an dieser Stelle ein Leichtes, zu jedem der 10 Gebote einen mehr oder weniger polemischen und im Idealfall halbwegs fundierten Kommentar abzugeben oder einen prominenten Sündenfall aufzulisten, bei dem die Höllenfahrt wider Erwarten nicht hingehauen hat, doch spätestens ab Gebot Nummer fünf oder sechs ergibt das Regelwerk ja auch durchaus einen Sinn, der mit dem gesunden Menschenverstand einigermaßen kompatibel ist.

Um die Erwähnung zumindest eines universellen Gemeinschaftssünders, der im Lauf seiner Karriere wieder und wieder alle zehn Regeln konsequent gebrochen hat, kommt man an dieser Stelle dennoch nicht umhin:

Die katholische Kirche hat – vielleicht mit Ausnahme des ersten Gebotes, das ohnehin so weit jenseits von Gut und Böse rangiert, dass man es praktisch nicht mehr brechen kann – im Lauf ihrer Geschichte fortwährend gegen absolut alles verstoßen, was vor Tausenden von Jahren fingerfarblich für ihre eigene Ewigkeit gedacht war. Oder um einmal mehr mit Karlheinz Deschner zu reden: *«Das Christentum beruht auf verschiedenen Geboten – dem Gebot der Nächstenliebe, der Feindesliebe, dem Gebot nicht zu stehlen, nicht zu töten, und auf der Klugheit, keines dieser Gebote zu halten.»*

Da es in diesem speziellen Dauersündenfall mit einem kurzen Abriss (oder gar einer beiläufig gestreuten Andeutung) nicht getan ist, sei an dieser Stelle Deschners zehnbändige *Kriminalgeschichte des Christentums* empfohlen, die sich der Sache in genau jener akribischen Ausführlichkeit annimmt, die ihr gebührt.

Warum also sollte man allen Ernstes Regeln befolgen, an die sich nicht einmal deren Verwalter halten? Oder anders gefragt, warum gilt es noch immer hirngespinstige Auflagen abzunicken, die sich Menschen in grauer Vorzeit ausgeheckt und zum eindrucksvolleren Drohen einem rachsüchtigen, metaphysischen Überwesen in den Mund gelegt haben? Vielleicht mag man persönlich ja gar keine blauen Schnüre auf den Quasten der eigenen Zipfel?

Doch während etwa der kleine Pepe in dem grandiosen Comic *Asterix in Spanien* bei Nichtbeachtung seines Willens noch damit droht, «so lange die Luft anzuhalten, bis was passiert», ist Gott nur selten nach selber auszusitzenden Konsequenzen oder halben Sachen zumute. Denn es ginge ja auch erheblich neutraler, vielleicht im nonchalanten Duktus: «Wenn ihr dies oder das nicht macht, vor allem die Nummer mit den blauen Schnüren, dann könnt ihr mich aber alle mal ganz gepflegt am Arsch lecken.» So könnte man ja auch argumentieren. Aber nein, es muss mal wieder die ewige Verdammnis herhalten, wenn nicht anstandslos umgesetzt wird, was der feine Herr Gott wünscht.

So kann Religion, wenn man denn sein Leben nicht in Furcht vor ihrem Nachspiel devot runterbuckelt, auch nur einen irrationalen Trost spenden, wie der Psychoanalytiker und Philosoph Erich Fromm in seinem Buch *Die Kunst des Liebens* zum Thema Gehorsamsmoral sehr einleuchtend erklärt:

«Wie ein Kind behaupte ich immer noch, dass es einen Vater geben muss, der mir hilft, der mich behütet und mich bestraft – einen Vater also, der mich liebt, wenn ich gehorche, der sich geschmeichelt fühlt, wenn ich ihn preise, und der zornig ist, wenn ich ungehorsam bin. Ganz offensichtlich hat die Mehrheit der Menschen in ihrer persönlichen Entwicklung dieses infantile Stadium noch nicht überwunden, und dementsprechend ist der Glaube an Gott bei den meisten Menschen der Glaube an einen helfenden Vater – eine kindliche Illusion.»

Wenn Glaube also Trost spendet, dann einen seltsam zipfelig-verquasteten, doch das ängstliche Befolgen göttlicher Anweisungen – die überwiegend jeglichem gesunden Menschenverstand widersprechen – hat überraschenderweise nur einen sehr überschaubaren Einfluss auf die praktischen Dinge unseres Lebens. Und wer jetzt mutmaßt, dass ein solcher Gehorsam wahrscheinlich immer noch mehr Einfluss auf unseren Alltag hat als etwa das heidnische Opfern eines Tieres oder das Absolvieren eines Tanzes zugunsten einer üppigeren Ernte, besseren Wetters oder einer Fußball-Niederlage Hollands gegen die Färöer Inseln, der sollte vorsichtshalber samstags lieber auch kein Holz sammeln.

Denn bei all dem diktatorischen Gehabe des alttestamentarischen Gottes gilt es nämlich die klitzekleine Überlegung, mit der Hubertus Mynarek, seines Zeichens Psychologe, Philosoph und Doktor der Theologie, in seinem Buch *Das Gericht der Philosophen* die Überlegungen seines Arbeitskollegen Erich Fromm schlüssig zusammenfasst, nicht ganz außer acht zu lassen: *«Es gibt keinen Gott als eine von der menschlichen Psyche unabhängige, in und an sich existierende Wirklichkeit. Gott ist ein Produkt der menschlichen Psyche, ein von ihr geschaffenes Symbol für alles Mögliche, ihr bedeutsam Erscheinende.»*

Dummerweise ist das Resultat einer solchen Projektion laut Mynarek *«(...) der selbstentfremdete, total abhängige, auf die göttliche Gnade wartende Mensch»*.

Solche Phänomene kennt man heutzutage neben der Religion vornehmlich aus Castingshows, bei denen es ebenfalls in der Natur der Sache liegt, vor Angst schlotternde Delinquenten auf das unfehlbare Urteil gottähnlich gepriesener Juroren warten zu lassen. Dass die Kandidaten dabei allerdings nicht 10, sondern lediglich ein Gebot, nämlich die matt schimmernde Melange aus größtmöglicher Demut und jedweder Talentfreiheit, garniert mit keinerlei Ausstrahlung und dem IQ eines angegessenen Beutels Torf, zu beachten haben, macht die Sache zwar nicht wirklich schöner, doch immerhin insofern erträglicher, da die TV-Hölle im Gegensatz zu ihrer christlich gelehrten Variante nicht nur endlich, sondern auch jederzeit abzuschalten ist.

Was also, wenn es gar keinen Gott und damit auch keinen Verfasser obskurer Verordnungen gibt? Was, wenn Dieter Bohlen tatsächlich das mächtigste Unwesen im Universum ist? Was wird dann aus der Hölle, sofern es deren Schreckensszenarien bei einer Allmacht Bohlens überhaupt noch zusätzlich bedarf?

Wir finden Trost in den Sätzen des amerikanischen Komikers und Schauspielers George Carlin, der zu berichten weiß:

«Die Religion hat die Menschen überzeugt, dass im Himmel ein unsichtbarer Mann wohnt, der alles sieht, was man tut – jeden Tag, jede Minute. Dieser unsichtbare Mann hat eine Liste von zehn Dingen, die man nicht tun soll. Wenn man aber doch eines dieser Dinge tut, dann hat er einen besonderen Ort mit Feuer und Rauch und Flammen und Folter und Angst. Dorthin schickt er einen, damit man für immer dort lebt und leidet und brennt und erstickt und schreit und weint, bis an das Ende der Zeiten ... Aber Er liebt dich!»

Überschüttet von der fragwürdigen Liebe Gottes scheint der Weg über die 10 Gebote jedenfalls eine brauchbare und vor allem ideologisch sinnvolle Abkürzung in die Hölle zu sein. Ob jedoch das einmalige Brechen auch nur eines der Gebote in Gottes Regelwerk tatsächlich ein gewissenhaftes mehrjähriges Sünden ersetzen kann, bleibt, wie so vieles im Bereich der Religion, reine Spekulation. Natürlich sollte es dem Leser selbst überlassen sein, sich durch nachvollziehbare Argumentationsketten, oder was auch immer, sein eigenes Bild von Sinn und Unsinn einer Liste wie der 10 Gebote zu machen.

Kommen die großspurigen Gebote für sich allein genommen schon größtenteils haarsträubend genug daher, so sind die vermeintlichen Strafen bei deren Nichteinhaltung beziehungsweise eines allgemeinen von Gott abgewandten Lebens ja mittlerweile bestens abzusehen: Hölle, Hölle, Hölle.

Diese Dreifachauflistung soll an abschließender Stelle bewusst die Brücke zu einem, nennen wir es spaßeshalber Lied des vormaligen Partyschlagerkönigs Wolfgang Petry schlagen, da auch in dessen Umfeld auf geradezu magische Weise eine nebulöse Art heiliger Dreifaltigkeit in Gestalt von Petry Vater, Petry Sohn und Heiligem Geist greift – immerhin setzt Sohn

Achim ja todesverachtend das diabolische Lebenswerk seines teuflischen Vaters fort, und der Heilige Geist wird da bei all seinen undurchsichtigen Machenschaften (siehe Kapitel 2) auch schon irgendwie die Finger mit im Spiel beziehungsweise in diesem speziellen Fall an der Gitarre haben.

Ein ähnlich schockierendes Geschmacksgefälle wie zwischen den ebenfalls bereits im zweiten Kapitel erwähnten australischen Rockern AC/DC, die uns auf dem Weg in die Hölle paradoxerweise musikalisch eher in Richtung Himmel führen, und den beiden Petrys findet man übrigens auch im intellektuellen Ungleichgewicht zwischen historisch relevanten Kirchenkritikern und den aktuellen Vertretern der klerikalen Habenseite.

Denn es kommt wahrscheinlich nicht von ungefähr, dass sich auf der erstgenannten Seite geistige Kanonen wie Albert Einstein, Sigmund Freud, Friedrich Nietzsche, Albert Schweitzer und Leonardo da Vinci – um nur mal eine winzige Auswahl zu nennen – tummeln, während auf der anderen Seite unbeirrt der vermutlich auch früher schon einsam auf dem Schulhof grinsende Peter Hahne lauert.

4

Atheisten, Agnostiker, Antichristen,

anmaßende Allmachtsfantasien – allerlei

abgewetzte Alliterationen

Eine Klärung der begrifflichen Voraussetzungen für einen souveränen Weg in die Hölle. Ist der Buchstabe A wegen seiner Pole Position im Alphabet, der gotteslästerlichste von allen, und was zur Hölle geht dann in Madagaskars Hauptstadt Antananarivo vor? Ein Kapitel über geheime Aalzuchten im Jemen und das Kreuz der Sarah Palin.

In welche Richtung geht es nach dem Tod? Nach oben oder doch eher nach unten? Oder hängt am Ende alles irgendwie miteinander zusammen und das erhoffte Himmelfahrtskommando führt völlig überraschend direkt in die Hölle? Fragen, die Gläubige aller Geschmacksrichtungen gleichermaßen beschäftigen. Existiert vielleicht sogar, fernab vertikal ausgerichteter Endlagervorstellungen, eine Welt rechts oder links unserer diesseitigen? Es bleibt rätselhaft. Denn nicht erst seit dem geheimnisvollen Werbelied der Firma Jack Wolfskin, dem Freizeitbekleidungsausstatter sozialpädagogisch vorbelasteter Weekend-Warrior, wissen wir *«the future is a muscle you don't have»*.

Daher wird uns wohl zu Lebzeiten die spätere Richtung ebenso verschlossen bleiben wie der Sinn der erwähnten Liedtextzeile, die wohl suggerieren soll, dass wir die Sache so oder so nicht in der Hand haben, wohingegen uns das ja bereits des öfteren angesprochene gottgefällige Leben eine durchaus solide abgesicherte Zukunft verspricht.

Für die Gottesfürchtigen steht allemal fest: Dem Agnostiker – und dem Atheisten ohnehin – ist der jenseitige Weg wie auf Schienen vorgezeichnet. Und das, obwohl es einen nicht ganz unerheblichen Unterschied zwischen einem Atheisten und einem Agnostiker gibt. Um den jedoch zu verdeutlichen, bedarf es einer weiterführenden Klärung der entsprechenden Begrifflichkeiten, die nur allzu schnell einmal durcheinandergeraten.

Als Atheismus beschreibt man kurz und knapp die Überzeugung, dass es niemals nimmer nicht nein und ums Verrecken keinen Gott gibt, während der Agnostizismus die Ansicht vertritt, «*dass bestimmte Annahmen – insbesondere theologischer Art, welche die Existenz oder Nichtexistenz eines höheren Wesens wie beispielsweise eines Gottes betreffen – entweder ungeklärt oder grundsätzlich nicht zu klären sind. Die Frage ‹Gibt es einen Gott?› wird dementsprechend nicht mit ‹Ja› oder ‹Nein›, sondern mit ‹Ich weiß es nicht›, ‹Es ist nicht geklärt›, ‹Es ist nicht beantwortbar› oder ‹Es ist mir egal› beantwortet.*»

Für Wikipediaverhältnisse ein bemerkenswert laxer Schluss-Satz. Allerdings sind natürlich auch die beiden agnostisch gefärbten Überlegungen zur Existenz eines ebenso allmächtigen wie imaginären Oberaufsehers – also entweder ungeklärt oder unklärbar – als nicht sonderlich gottesfürchtig, sondern vielmehr ausgesprochen logisch einzustufen.

Ziehen wir in punkto Begrifflichkeit daher besser jemanden zu Rate, der es wissen muss – den britischen Biologen Thomas Henry Huxley, ein Zeitgenosse und einflussreicher Unterstützer Charles Darwins, dem ob seiner rhetorischen Gewandtheit und nicht zuletzt seiner Unterstützung von Darwins Evolutionstheorie auch gerne der Beinname «Darwins Kettenhund» untergejubelt wurde. Eine Umschreibung, die natürlich eine grob fahrlässige Fehleinschätzung darstellt, schrieb der Mann doch nahezu ausschließlich mit dem Florett und wohl nur äußerst selten mit gefletschten Zähnen. Und im Rahmen einer solchen Übung erdachte er sich nebenbei auch die Bezeichnung Agnostizismus. Hier ein Einblick in die Erklärung aus erster Hand:

«Der Agnostizismus ist eigentlich kein Glaube, sondern eine Methode, deren Wesen die strenge Anwendung eines einzigen Prinzips ist. (...) Dieses Prinzip kann man positiv so ausdrücken: Folge in Fragen des Intellekts deiner Vernunft, so weit sie dich bringt, ohne irgendwelche anderen Überlegungen zu berücksichtigen. Und negativ: Tue in Fragen des Intellekts nichts so, als seien Schlussfolgerungen, die nicht bewiesen oder beweisbar sind, sicher. Das bezeichne ich als agnostische Überzeugung: Wenn ein Mensch ganz er selbst bleiben will, soll er sich nicht schämen, dem Universum ins Gesicht zu sehen, ganz gleich, was die Zukunft für ihn noch bereithalten mag.»

Der Atheismus macht es sich dagegen ein wenig leichter und verneint rigoros die Existenz jeglicher Götter – wofür ja letzten Endes auch so einiges, wenn nicht sogar alles spricht. Allerdings sollte auch kein vernünftig denkender Mensch in einer Art von umgedrehtem Ätschi-Bätsch-Prinzip – das ja bereits in seiner ursprünglichen Ausrichtung paradox und sinnfrei genug ist – per se ausschließen, dass es etwas *nicht* gibt, nur weil man dessen Nicht-Existenz nicht beweisen kann. Verwirrt?

Ein einleuchtendes Beispiel hierfür bietet das mysteriöse Ausscheiden der deutschen Fußballnationalmannschaft im Viertelfinale der Weltmeisterschaft 1998 in Frankreich. Nachdem man den Null-zu-eins-Pausenrückstand gegen Kroatien in der zweiten Halbzeit noch durch eine grandiose Leistungsverweigerung zum Null-zu-drei-Endstand herumgerissen hatte, war nicht nur dem damaligen Bundestrainer Berti Vogts («*Hass gehört nicht ins Stadion. Die Leute sollen ihre Emotionen zu Hause in den Wohnzimmern mit ihren Frauen ausleben.*»; «*Gib dem Kaninchen eine Möhre extra.*») klar, dass es sich nur um eine Verschwörung finsterer Mächte gegen unsere Elf, ja den deutschen Fußball als solchen, handeln konnte. Allein, es war dummerweise einfach nicht zu beweisen.

Doch wie darf man sich denn auch etwas vorstellen, was mutmaßlich ohnehin unvorstellbar ist? Denn wenn man alles zusammenpackt, sollte man es vielleicht diesbezüglich lieber einmal mehr mit Friedrich Nietzsche halten, der seinerzeit nicht nur den kolossalen Schnauzbart des ehemaligen Handballbundestrainers Heiner Brand vorwegnahm, sondern auch bereits sehr sicher sah: «*Glaube heißt nicht wissen wollen, was wahr ist.*»

Ein Enkel des bereits erwähnten Thomas Henry Huxley, der Biologe, Schriftsteller und Philosoph Sir Julian Huxley bringt es gar noch etwas dezidierter auf den Punkt: «*Gott ist eine vom Menschen erdachte Hypothese bei dem Versuch, mit dem Problem der Existenz fertig zu werden.*» Und weiterführend denkt Sir Julian: «*Der Mensch hat sich Götter geschaffen, um Unerklärliches zu erklären. Das religiöse Rohmaterial besteht aus den Naturerscheinungen und Erfahrungen des Menschen, die über die gewöhnlichen Erklärungen und über die gewöhnlichen Erfahrungen hinausgingen.»*

Womit – bei all den verwaschenen Unklarheiten um die mutmaßliche Existenz Gottes – zumindest geklärt wäre, in welche Richtung das Himmelfahrtskommando großer Teile der Familie Huxley gegangen sein dürfte.

Neben der ebenfalls bereits im ersten Kapitel behandelten Analogie von «Russells Teekanne» greift hier ein weiteres symbolisches Haushaltsutensil: Ockhams Rasiermesser.

Dieses Prinzip aus der Scholastik, benannt nach dem mittelalterlichen Theologen und Philosophen Wilhelm von oder William of Ockham (1283–1347), besagt, dass man, steht man bei der Erklärung für ein Phänomen vor der Wahl mehrerer möglicher Optionen, stets die Erklärung bevorzugen sollte, die mit der geringsten Anzahl an Hypothesen auskommt und dementsprechend die «einfachste» Theorie darstellt. Zwar hat Wilhelm von Ockham selbst niemals ein solches Prinzip formuliert, doch zieht sich diese Herangehensweise wie der viel zitierte rote Faden durch die meisten seiner Schriften. Der Begriff «Ockhams Rasiermesser» entstand hingegen erst im 19. Jahrhundert im Rahmen einer Debatte um die Wissenschaftstheorie des englischen Ökonomen John Stuart Mill. Und «Rasiermesser» deshalb, weil alles Überflüssige und allzu sehr an den Haaren Herbeigezogene metaphorisch abzuschneiden sei.

In Bezug auf mögliche Fragen das Wirken Gottes betreffend lehnte der Theologe Ockham seine eigenen philosophischen Überlegungen einer pragmatischen Zweckmäßigkeitsregel allerdings ab. Zugegebenermaßen reicht die Idee, unter Eliminierung aller nicht notwendigen Hypothesen die einleuchtendste Erklärung für ein unbekanntes Phänomen zu bevorzugen, zurück bis zu Aristoteles, der ebenfalls mutmaßte, die Natur wähle immer den einfachsten Weg, doch Ockham sah darin eine Limitierung in der Allmacht Gottes und war letztlich wohl doch mehr Theologe als Philosoph. Eine intellektuelle Selbstbeschneidung, die recht eindrucksvoll verdeutlicht, dass «gut gemeint» nicht immer gleichbedeutend ist mit «gut gemacht». Ockham war vielmehr der Meinung, Gott könne bei diesem oder jenem auch durchaus den komplizierteren Weg gewählt haben. Warum also einfach, wenn es auch umständlich geht? Eine Grundidee, die sich seit jeher durch die Geschichte der Religion zieht.

So weiß beispielsweise die in vielerlei Hinsicht immer wieder gern bemühte Internet-Enzyklopädie Wikipedia im Namen des britisch-australischen Philosophen John Jamieson Carswell Smart über den Unterschied zwischen Atheismus und Agnostizismus zu berichten:

«Der grundsätzliche Unterschied zwischen Agnostizismus und Atheismus besteht darin, dass es beim Agnostizismus um die prinzipielle rationale Erkennbarkeit eines Gottes, beim Atheismus dagegen um den tatsächlichen Glauben an einen Gott geht. Daher ist der Agnostizismus vor allem eine philosophische Grundsicht, während sich der Atheismus vor allem als Gegenpol zum Theismus sieht. Der Unterschied erscheint zunächst gering, weshalb auch die Begriffe Agnostizismus und (schwacher) Atheismus oft (fälschlicherweise) synonym gebraucht werden.»

Das ist natürlich durchaus richtig, doch dass man sich mit allzu heftig überlappenden Begrifflichkeiten bisweilen gerne mal im Kreis dreht und es dergestalt mit einer vermeintlich subtil daherstolpernden Etikettierung auch nicht übertreiben sollte, zeigt folgende, schwindelerregende Erklärung Smarts, die dem Nachnamen des Philosophen alle Ehre macht:

«Eine Richtung des Agnostizismus, der ‹atheistische Agnostizismus›, im Grunde gleichbedeutend mit dem ‹agnostischen Atheismus› der meisten Atheisten weltweit, vertritt zwar die Ansicht, dass die Existenz eines Gottes unbekannt ist, hält aber meist auf Grundlage von ‹Ockhams Rasiermesser› die Nicht-Existenz für plausibler.»

Wer denkt da nicht sofort an die Abgrenzung der Aktivisten der «Volksfront von Judäa» zu den Schwächlingen der «Judäischen Volksfront» im großartigen Monty Python-Klassiker *Das Leben des Brian*, der innerhalb von nur neunzig Filmminuten so ziemlich alles, was es zum Thema Religion zu sagen gibt, perfekt von der Leinwand predigt. Mit anderen Worten, Gott scheint es überraschenderweise so oder so nicht zu geben, ganz egal, ob aus Gründen des atheistischen Agnostizismus oder des agnostischen Atheismus. Es ist, wie der Amerikaner sagt, jacket like pants, also quasi völlig sausage.

Wen aber schnitzte Gott denn nun zuerst? Den Atheisten, der, um mit dem Schriftsteller und Soziologen Ernst Wilhelm Eschmann zu reden *«das größte Kompliment ist, dass Gott sich selbst zollt: Er schafft ein Wesen, das stark genug ist, von ihm abzusehen»*, den Agnostiker und direkt danach den Papst, um die anderen beiden wieder zu verbrennen?

Bis vor Kurzem hätte man es sich natürlich einfach machen und Johannes Heesters – der ja mittlerweile auch komplett zu Ende gestorben ist – fragen können und sich damit auch gleich im selben Aufwasch von einem Augen- oder Ohrenzeugen die Wahrheit über den Urknall (und damit einhergehend die Grundvoraussetzung der gesamten Schöpfungslehre) erläutern lassen können, dennoch gilt es hier der Sache einmal prinzipiell auf den Grund zu gehen.

Wer von beiden Parteien – auf der einen Seite rational denkende Atheisten und Agnostiker, auf der anderen Seite Katholiken unter der Führung von Männern, die an eine antike, sprechende, Obst anbietende Schlange glauben – im Namen ihrer ideologischen Überzeugung das größere historische Gemetzel angerichtet hat, ist hingegen schnell erklärt. Bedienen wir uns hierzu der auch heute noch erschreckend gültigen und damit gleichsam vorausschauenden Bilanz des französischen Philosophen Paul Thiry d'Holbach (1723–1789), eines ausgesprochen klugen Mannes der französischen Aufklärung:

«*Wenn ein Atheist richtig geurteilt und seine Natur zu Rate gezogen hat, so hat er Prinzipien, die zuverlässiger und menschlicher sind als die des Abergläubischen, der durch eine finstere und schwärmerische Religion entweder zur Torheit oder zur Grausamkeit geführt wird. Niemals wird man die Einbildungskraft eines Atheisten so sehr vernebeln, dass man ihm glaubhaft macht, Gewalttätigkeiten, Ungerechtigkeiten, Verfolgungen, Morde seien tugendhafte oder rechtmäßige Handlungen.*»

Denn, so der Philosoph in seinem 1770 erschienen Hauptwerk *System der Natur*, dessen Verbrennung – in diesem Fall glücklicherweise lediglich die des Buches, nicht des Verfassers, wie es nur wenige Jahre zuvor noch üblich war – dann auch recht zügig und gottesfürchtig vom französischen Parlament angeordnet wurde:

«*Die Religion, die von jeher nur auf der Unwissenheit basierte und sich von der Einbildungskraft leiten ließ, gründete die Moral nicht auf die Natur des Menschen, auf seine Beziehungen zu anderen Menschen, auf die Pflichten, die sich notwendig aus diesen Beziehungen ergeben: sie errichtete die Moral lieber auf imaginären Beziehungen, die zwischen dem Menschen und unsichtbaren Kräften bestehen sollen, die sie sich aufs Geratewohl ausgedacht hatte und die sie auf dem Wege der Fälschung sogar sprechen ließ. Diese unsichtbaren Götter wurden von der Religion immer als böswillige Tyrannen beschrieben, die zu unumschränkten Herren und Vorbildern des Verhaltens des Menschen wurden. Der Mensch wurde böse, ungesellig, nutzlos, unruhig und fanatisch, sobald er die vergötterten Tyrannen nachahmen oder sich den Lehren ihrer Interpreten gemäß verhalten wolle. Diese allein zogen aus der Religion und aus der Finsternis, die sie über den menschlichen Geist verbreitete, Nutzen. Die Völker kannten weder die Natur noch die Vernunft noch die Wahrheit: Sie hatten nur Religionen, ohne bestimmte Ideen von der Moral oder der Tugend zu haben. Wenn der Mensch seinen Mitmenschen Böses antat, so glaubte er seinen Gott beleidigt zu haben; er glaubte aber freigesprochen zu werden, wenn er sich vor ihm demütigte, ihm Geschenke darbrachte und sich die Zuneigung des Priesters erwarb.*»

Da nun die nicht ganz unwesentlichen Unterschiede zwischen Agnostiker und Atheisten auf der einen und der Volksfront von Judäa sowie der judäischen Volksfront auf der anderen Seite zumindest angerissen wurden, stellt sich nachfolgend noch eine ganz andere Frage: Nämlich die nach der grundsätzlichen Bedeutung des Buchstabens A auf der nach oben ebenso wie nach unten offenen Frömmigkeitsskala. Bildet das A doch zumindest im begrifflichen Sinne die Vorhut alles Gotteslästerlichen.

Dass die sowohl im Atheisten wie auch im Agnostiker zu findende und aus dem Griechischen stammende Vorsilbe a- eine Verneinung der Wortbedeutung, in diesem Fall eben des Theisten oder des Gnostikers, darstellt, dürfte weithin geläufig sein, aber birgt dieser Buchstabe vielleicht sogar noch weit mehr blasphemischen Sprengstoff, als man bisher vermutete?

Zuerst einmal führt das A in seiner unantastbaren Pole Position das Alphabet an, thront dergestalt vor allen anderen Buchstaben und drängt sich ungebeten als symbolischer Universalanfang auf. Umgangssprachlich steht das griechische Alpha gar für das «Höchste», «Größte», «Beste» und ist wohl (in abgekürzter Form als A) bereits deshalb des Teufels, weil es sich so ungeniert nach ganz vorne drängt. Noch vor Gott. Zur Veranschaulichung dieser niederen Absicht genügt hier lediglich ein Blick auf die fragwürdigen Machenschaften der Teufelskerle des A-Teams.

Vergleicht man diesen alphabetischen Anfang aller Dinge mit der Chronologie der Menschheitsgeschichte in der Bibel, steht das A quasi auf einer Stufe mit der Vertreibung von Adam und Eva aus dem Paradies, dem Garten Eden, der, wenn man mal etwas genauer darüber nachdenkt, nach den Gärten Aden, Bden, Cden und Dden vielleicht sogar bereits der fünfte Versuch Gottes war, die Menschen durch seine vegetarische Enthaltsamkeitsdoktrin aus ihrer individuellen Selbstbestimmung zu verscheuchen.

In diesem Zusammenhang ebenfalls durchaus denkbar – da man sich seinerzeit noch nicht so gut in der Fauna auskannte und nicht jedes Lebewesen sofort eindeutig einordnen konnte –, dass es sich bei dem Tier, das Adam und Eva zum Apfel überreden wollte, mitnichten um eine Schlange, sondern um einen Aal handelte. Auffällig auch hier, dass mit Adam und dem Apfel jeweils ein Name und ein Obst der Erbsündengeschichte mit dem ominösen Buchstaben A beginnen.

Und lag dementsprechend vielleicht sogar das paradiesische Gartenoriginal, der botanische Grundgedanke in Form und Namen eines Garten Aden, im heutigen Jemen? Immerhin war Aden bis 1990 dessen Hauptstadt. Kann man also den Jemen, geografisch ohnehin seltsam schwammig zwischen Afrika und Asien geparkt, als Synonym für den seinerzeit naturgemäß noch etwas unsicheren Umgang Gottes mit den beiden ersten von ihm geschaffenen Prototypen Adam und Eva sehen, denen er bereits vor dem Garten Eden vier lupenreine Chancen auf ein prima unbeschwertes Leben in der Natur zukommen ließ? Sind die beiden also bereits viermal zuvor auf den Trick mit dem Aal reingefallen und die ganze Sache wurde erst beim fünften Fehlversuch, als Gott die Faxen endgültig dicke hatte, ordnungsgemäß dokumentiert? Und wie ist diese These mit dem muslimischen Jemen zu vereinbaren? Ist es tatsächlich ein biblisches Zeichen, dass der Name Jemen mit seinen fünf Buchstaben über genau dieselbe Anzahl Buchstaben verfügt, wie es einst göttliche Schrebergärten gab?

Klafft auch hier, wie bei klerikalen Auslegungen üblich, ein ständiges Unentschieden zwischen Anspruch und Wirklichkeit? Denn einerseits erklärt beispielsweise die aktuelle Verfassung des Jemen den Islam zur Staatsreligion, gewährt aber andererseits auch eine vermeintliche Glaubensfreiheit. Dass es mit der allerdings nicht sonderlich weit her ist, beweist die mit demokratischen Maßstäben nur suboptimal zu vereinbarende Regel, dass Nicht-Moslems dort zwar wählen, sich jedoch nicht zur Wahl stellen dürfen. Eine nur mäßig befriedigende Option und ein Verhältnis zur individuellen Mitgestaltung ähnlich dem zur Bewachung eines Harems abgestellter orientalischer Eunuchen zum Geschlechtsakt. Man weiß zwar theoretisch, wie es geht, kann es aber praktisch nicht umsetzen.

Der öffentliche Genuss von Alkohol ist im Jemen ebenso strafbar wie homosexuelle Handlungen, die nach dem dort herrschenden islamischen Recht auch gerne mal mit dem Tod bestraft werden dürfen. Im liberalen Libanon hingegen ist es einem Mann angeblich sogar erlaubt, sexuelle Handlungen *an* beziehungsweise im Idealfall wohl auf vertrauensvoller Basis auch gemeinschaftlich *mit* einem dafür geeigneten Tier durchzuführen. Allerdings vorausgesetzt es handelt sich dabei um ein weibliches Tier. Über das erlaubte Mindestalter des Tieres ist hingegen nichts bekannt.

Doch wie steht der Jemen politisch, gesellschaftlich und nicht zuletzt aus religiöser Sicht zum A und damit gleichsam auch zum Bösen? Kann man dem Jemen, einmal mehr den Gesetzen des Ätschi-Bätsch-Prinzips folgend, bereits alleine deshalb einen gotteslästerlichen Lebenswandel vorwerfen, weil er auch nicht das kleinste A im Namen hat und auf diese Weise sicherlich nur ganz besonders listig seine teuflische Grundeinstellung zu kaschieren versucht? Gibt es im Jemen vielleicht sogar geheime Aalzuchten? Ist der christliche Gott tatsächlich der hochwertigere, wenn man bedenkt, dass der Name des muslimischen Oberbefehlshabers Allah ist?

Wahrscheinlich nicht, aber egal. Absurder und an den Haaren herbeigezogener als gängige und gemeinhin akzeptierte Bibelauslegungen ist diese Interpretation auch nicht. Und wenn man sich vor Augen führt, dass besagtes Buch aufgrund noch weitaus windigerer Argumentationsketten und märchenhafter Begebenheiten wie der einwöchigen Installation der Welt, Jungfrauengeburten, auferweckten Toten, gefallenen Engeln und Glaubensbeweisen in Form von blauen Schnüren auf Gewänderquasten – eine Gesamtbreite vom Jesuskind bis hin zum Beelzebub nicht unterschreitend – ersonnen und für echt befunden wurde, dann braucht sich die A-Argumentationskette in Sachen Wahrscheinlichkeitsrechnung keinesfalls zu verstecken.

Der Faden absurder Bibelauslegungen ist noch beliebig weiterzuspinnen. Fantasie und Wahnvorstellungen sind nicht nur diesbezüglich keinerlei Grenzen gesetzt, existiert doch im amerikanischen Petersburg sogar ein – leider Gottes – durchaus ernst gemeintes Kreationismus-Museum (auf das an anderer Stelle noch ausführlicher einzugehen ist), nach dessen Maxime die Welt im Jahre 4004 v.Chr. geschaffen wurde und Adam und Eva sich den finalen Garten Eden noch mit Dinosauriern teilten.

Da liegt es selbstverständlich in der Natur der Aufklärung, sich noch ein wenig genauer den Hintergründen des Buchstaben A und dessen avantgardistischer Bedeutung für den Atheismus und den Agnostizismus zu widmen. Also zurück nach Afrika. Denn da Afrika wohl zu Recht als die Wiege der Menschheit gilt, ist es nur allzu wahrscheinlich, dass eben dort auch das Böse, sprich Blasphemische entsprungen sein muss. Wenn also der alles verneinende und negierende, ja destruktive Buchstabe A tatsächlich der gotteslästerlichste aller Lettern ist, wie teuflisch mag es dann wohl in Madagaskars Hauptstadt Antananarivo zugehen? Immerhin verfügen sowohl der Landes- wie auch Hauptstadtname jeweils über sage und schreibe vier As im Namen? Sodom und Gomorrha waren dagegen sicherlich das reinste Glottertal.

Laut Auswärtigen Amt – dem aus kirchlicher Sicht allerdings auch nicht so recht zu trauen ist, verfügt es doch in seinem zusammengesetzten Namen ebenfalls über die jeweiligen Anfangsbuchstaben A – scheut sich zudem über die Hälfte der Bevölkerung Madagaskars nicht, sich öffentlich als Anhänger der ursprünglichen, dort schon seit Hunderten von Jahren grassierenden Naturreligionen zu offenbaren, während nur circa einundvierzig Prozent dem Christentum zugetan sind. Kein Wunder also, dass es dort mit dem Teufel zugeht.

So ist es sicherlich nur eine Frage der Zeit, bis es den klerikalen Ratingagenturen zu bunt wird und Madagaskars Antananarivo eine Namensänderung nahegelegt wird. Galt doch bis dato – in umgekehrter Anlehnung an die Abstufungen der Ratingagenturen im Rahmen der Kategorisierung der globalen Finanzmärkte – der Triple-A-Status zwar als der aus finanzieller Sicht solventeste, innerhalb besagter kirchlicher Einstufungskriterien zur Ächtung alles Weltlichen aber als der mieseste Status und war dementsprechend bisher lediglich Staaten des Kalibers Afghanistan oder Aserbaidschan und amerikanischen Bundesstaaten wie Alaska und Arkansas vorbehalten, die sich trotz aller Kirchenbedenken jeweils drei As im Namen gönnten.

Doch auch die weltlichen Ratingagenturen selbst werden im Vatikan sicherlich nur als schemenhaft getarntes Teufelswerk gehandelt. Gibt man sich bei ihnen doch mit dem Anfangs-R noch betont harmlos und versteckt das A an zweiter Position, allerdings nur um dann bei dem zweiten Wortteil Agentur umso gottloser zuzuschlagen. Dass auch der kurze Vatikan über zwei As verfügt, macht die Sache natürlich nur umso scheinheiliger und zeigt deutlich die Verstrickung des Zwergengottesstaates in die undurchsichtige und ruchlose Welt der Hochfinanz.

Da jedoch gerade in den Vereinigten Staaten von Amerika der christlich gesalbte Fundamentalismus immer unübersichtlicher zu wuchern droht, scheint es wie der Wink eines des Gesamtüberblickes verlustig gegangenen Gottes, dass er ausgerechnet die einstige Gouverneurin des Triple-A-Staates Alaska, die erzkonservative, abgrundtiefreligiöse, politisch rechts von Attila dem Hunnen einzuordnende, erbarmungslos gesamtdumme Sarah Palin, ebenfalls mit drei A im Namen versehen hat. Vielleicht hat Gott – so er denn entgegen atheistischer Überzeugungen und agnostischer Bedenken wider Erwarten tatsächlich existieren sollte – trotz diverser nicht wegzudiskutierender unsympathischer Charakterzüge wenigstens einen gewissen Sinn für Ironie. Noch konsequenter wäre er jedoch, hätte er Sarah Palin auch geografisch an die Spitze des amerikanischen Konservatismus, ins vier-A-ige Alabama, verfrachtet.

Doch man sollte sich natürlich nicht allzu vorschnell auf eine Verurteilung des As festlegen, denn wie schaut es beispielsweise mit der herkömmlichen Aberglaubenskennzeichnung aus? Der gemeine Aberglaube beruft sich ja eher auf Zahlen, denn auf Buchstaben. Und das Sinnbild des symbolischen Unglücks stellt unangefochten die Zahl 13 dar, deren Tradition als Unheilsbringer einmal mehr in der christlichen Tradition verwurzelt ist. Dort bringt man die 13 mit der Anzahl der versammelten Menschen beim letzten Abendmahl Jesu Christi in Verbindung, da der angebliche Verräter Judas Iskariot der dreizehnte Anwesende war. Bei wem man an diesem Abend – oder eben im Nachhinein bei der Auflistung der Protagonisten – zu zählen anfing, ist leider nicht überliefert.

Daher galt die 13 und alles, was mit ihr zu tun hatte, im deutschen Volksmund auch lange als das «Dutzend des Teufels». Daran änderte auch die Tatsache, dass der einstige «Bomber der Nation», Gerd Müller, bei seinen sagenumwobenen 68 Länderspieltoren in nur 62 Länderspielen die Rückennummer 13 trug, nichts, obwohl der Mann, seiner Rückennummer zum Trotz, in seiner Glanzzeit als Heilsbringer des deutschen Fußballs gehandelt wurde. Ein Attribut, das selbst die gläubigsten Jünger des Jesus von Nazareth ihrem Heiland in Bezug auf dessen Verdienste für das damalige Strafraumspiel und Torjägertum verweigerten.

Wenn man beim ursprünglichen Ausgangspunkt des Alphabets bleibt, ist es natürlich ein Leichtes, auch im dreizehnten Buchstaben das Unentschieden Gottes in Bezug auf positive und negative Erscheinungen zu entdecken. Der dreizehnte Buchstabe des Alphabets ist das M und wenn man sich einmal die kulturelle Bedeutung von Menschen mit den Doppelinitialen M anschaut, wird klar, dass Gottes Menschenreservoir über eine veritable Bandbreite verfügt. Als Gradmesser für die Spannweite der gegenüberliegenden Seiten seien an dieser Stelle nur Marilyn Monroe und Matthias Matussek erwähnt.

Worin aber unterscheiden sich nun Atheisten und Agnostiker von gläubigen Menschen, außer in der klitzekleinen Tatsache der Meinungsunterschiede die Wahrscheinlichkeit der Existenz eines höheren Wesen betreffend?

Der Soziologe und Säkularisierungsforscher Phil Zuckerman, Professor für Soziologie am kalifornischen Pitzer College glaubt der Antwort auf der Spur zu sein. In einem *Spiegel*-Artikel vom 25. Juli 2011 betont Zuckerman, dass Religionslose stark werteorientiert seien und sich überdurchschnittlich gegen Krieg, Diskriminierung und die Todesstrafe einsetzen und zudem weniger Ressentiments gegen Ausländer, Homosexuelle, Oralsex und Haschisch hätten. Mit anderen Worten: Hippies. Zu allem Überfluss, so wird eine entsprechende Studie in besagtem *Spiegel* zitiert, wüssten Atheisten «mehr über den Gott, an den sie nicht glauben, als die Gläubigen selbst». Eine Tatsache, die jedoch auch nicht weiter verwundert, bedarf es für das eigenverantwortliche Infragestellen eines allmächtigen Schöpfers doch eines erheblich weitreichenderen geistigen Spektrums, als das ein blindes Abnicken dogmatischer Vorgaben verlangt, das allerdings – und so ehrlich sollte man dann doch sein – in erheblich größerem Maß die Fantasie herausfordert.

Die Psychologin Catherine L. Caldwell-Harris von der Boston-University fasst die beiden unterschiedlichen Modelle von Glauben und Nichtglauben beziehungsweise deren historische Verlagerung ebenfalls im *Spiegel* vom 25. Juli 2011 leider nur allzu treffend zusammen: «Von den Anlagen her gab es immer schon zwei Denkstile, aber früher hielten Skeptiker den Mund, um nicht auf dem Scheiterhaufen zu landen.» Dass ein zumindest partielles Umdenken bisweilen dennoch funktionieren kann, lässt sich sehr schön am Beispiel der 1971 gestorbenen Schriftstellerin Gertrud von le Fort sehen, die zwar Zeit ihres Lebens der katholischen Kirche ausgesprochen nahestand, doch immerhin blitzsauber zum Thema erkannte: «Es sind nicht die Gottlosen, es sind die Frommen seiner Zeit gewesen, die Christus ans Kreuz schlugen.»

Bleibt zu hoffen, dass sich allzu leichtgläubige Menschen von den vorangegangenen Interpretationen bezüglich des Buchstabens A nicht weiter beeinflussen lassen, sondern sie vielmehr in genau derselben verschließbaren Schublade endlagern, in die auch andere irrationale und dogmatische Glaubensauslegungen gehören. Inwiefern allerdings die gemeinhin am Ende christlicher Zeremonien gemeinsam gegrummelte Zustimmung «Amen» aufgrund ihres bedenklichen Anfangsbuchstabens den Anfang vom Ende darstellt, soll hier lieber erst gar nicht ernsthaft zu Ende gedacht werden.

Und wenn tatsächlich alles schief gehen sollte und das jüngste Gericht die Welt wegen globaler Blasphemie zur Apokalypse verdonnert, können wir uns ja vielleicht doch noch auf einen gewissen Agnostizismus berufen, der die Existenz eines göttlichen Richters lediglich als nicht erklärbar deklariert und auf diese Weise im Idealfall noch auf Bewährung hoffen. Sollte die uns jedoch verwehrt werden, hilft wohl nur noch beten, dass die Apokalypse zugunsten von Gottes Plan B verworfen wird und die dann folgende Bpokalypse nur halb so schlimm sein wird.

5

Wissenswertes über den Hausherren und seinen Gegenspieler

Über die dunkle Seite der Macht und den Wahrheitsgehalt des Satzes «Ich bin Dein Vater, Lu». Ist der Schaufelnasen-Hammerhai der wahre Messias? Fällt Exorzismus unter den Tatbestand des Hausfriedensbruchs, hatte der historische Jesus eine Großmutter und wie schön ist Josef Matula?

Es hätte so schön sein können damals im Himmel. Hätte nicht einer der Engel Gottes über die Stränge geschlagen und die ordnungsgemäße Verbeugung vor dem Herrn verweigert. Da blieb Gott trotz seiner unendlichen Liebe und Güte selbstverständlich nichts anderes übrig, als ihn hochkant aus der himmlischen Idylle nach unten in die Hölle zu verfrachten.

Bereits nach diesen ersten beiden Sätzen können sich Theologen über eine fahrlässige Berichterstattung beschweren, da manche Quellen sogar von mehreren Engeln wissen, die sich der Huldigung Gottes widersetzten – und sich zumindest deren Rädelsführer auch noch einige andere blasphemische Knaller hatten zuschulden kommen lassen. Aber ganz lückenlos ist das wohl einfach nicht mehr aufzuklären, und wer, außer der katholischen Kirche, weiß schon genau, wie es seinerzeit im Himmel mit respektlosem Personal bestellt war. Erschwerend kommt zur Klärung des damaligen Hausordnungsbruchs noch hinzu, dass sich sowohl alle Beteiligten der Ereignisse wie auch der Handlungsort auf recht dünnem Eis bewegen respektive befinden, da nicht zu hundert Prozent von der Hand zu weisen ist, dass es sich bei einem solchen Höllensturz, wie bei den meisten haarsträubenden Thesen und Behauptungen einer sich ausschließlich auf ein heiliges Buch berufenden Kirche, schlicht und ergreifend um kompletten Schwachsinn handelt. Abergläubische Märchenerzähler gab es schließlich schon immer. Eine Tatsache, deren Bestätigung nur eines Blickes auf das aktuelle katholische Bodenpersonal bedarf und direkt freie Sicht auf einen Haufen weltfremder Männer in lustigen Kostümen gewährt.

Da jedoch, entgegen der landläufigen Meinung, nur die wenigsten Märchen auch tatsächlich einen wahren Kern besitzen, fragt man sich natürlich, wann denn eigentlich der Teufel von kirchlicher Seite aus amtlich wurde?

Denn wenn man bedenkt, dass der hebräische Begriff Satan in der griechischen Übersetzung des Alten Testaments mit Diábolos, wörtlich Durcheinanderwerfer im Sinne von Verwirrer, Faktenverdreher und Verleumder, benannt wurde, fragt man sich schon, warum das so lange gedauert hat, waren die eigentlichen Faktenverdreher doch längst in Amt und Würden.

Im Jahr 1215 beschlossen die versammelten Bischöfe auf dem vierten Laterankonzil, der vielleicht bedeutendsten klerikalen Zusammenkunft des Mittelalters, neben allerlei anderem Unfug wie dem Aufruf zu einem neuerlichen Kreuzzug ins Heilige Land erstmals offiziell die personale Existenz des Teufels. Allerdings verloren die damals führenden kirchlichen Zentraldenker weder ein Wort darüber, warum der Teufel «schlimm» geworden war, noch über die zahlreichen Passagen im Alten Testament, die erklären, dass Gott und der Teufel zuvor eigentlich recht passabel miteinander ausgekommen waren. Wahrscheinlich wurde es einmal mehr unter der gottvertrauensseligen Rubrik, dass der Herr sicherlich schon wisse warum, verbucht.

Der französische Historiker und Autor Gerald Messadié schreibt in seinem Buch *Teufel, Satan, Luzifer. Eine Universalgeschichte des Bösen* über die Nachwirkungen, die sich aus dem blutigen Kielwasser des Konzils ergaben:

«Während die Theologen spitzfindige Themen der Scholastik diskutierten, etwa die Frage, ob der Teufel von seinen Sünden erlöst werden könne, versank die abendländische Welt in einer stockfinsteren, verpesteten Dunkelheit, die man als die Zeit des Teufels bezeichnen könnte. Ein wahrhaft grauenvoller Sabbat, der Hexensabbat eines pathologischen Glaubens an die Realität des Teufels, gestützt gerade von denjenigen, die ihn zu bekämpfen vorgaben. Und nun setzte sich eine furchtbare Maschinerie in Gang: die Inquisition, eine ungeheuerliche Gotteslästerung, Morde im Namen Gottes mit dem Segen des Papstes.»

Dabei war der Grund dafür so offensichtlich wie weltlich.

«Die Allianz von Weihwasserwedel und Krone, die auf dem göttlichen Recht und der religiösen Opfergabe basierte, hatte in Europa dazu geführt, dass der Feind des einen (...) auch der Feind des anderen war. Jedes Schisma und jede Häresie bedrohten die pontifikale Macht, aber zugleich auch die Krone und die christlichen Fürsten. (...) Die königliche Macht benötigte den Teufel, um ihre Gegner in Angst zu versetzen und

um den königlichen Machtmissbrauch zu rechtfertigen. Auf der obersten Ebene, dort, wo die Entscheidungen getroffen werden, ist der Teufel eine Propagandafiktion, die nur dazu dient, die dunklen oder auch offen niederträchtigen Machenschaften der Fürsten zu rechtfertigen.

Macht lässt sich leichter ausüben, wenn man das Volk in einem Zustand der Unwissenheit und damit des Aberglaubens und der Irrationalität lässt.»

Da erweist es sich auch nicht als allzu großes Rätsel, wie die Kirche es schaffte, die Botschaften Jesu von der Nächstenliebe bis zum beidseitigen Wangenhinhalten in eine jahrhundertelange Horrorshow mit den Hauptprogrammpunkten Morden und Foltern zu drehen. Denn in der nur wenig barmherzigen Art, in der die mittelalterlichen, von Kirche und Staat aufgepeitschten Christen deren vermeintlich gottgewollte Gesetze durchprügelten, waren Scheiterhaufen nur die logische Konsequenz. Doch die Anklage, mit dem Teufel im Bunde zu sein, hatte neben fanatisch-religiösen und politischen auch weitaus hausbackenere Hintergründe, sie gilt ...

«(...) dem Anderssein, das hier und bis in unsere heutige Zeit hinein mit dem Teufel gleichgesetzt wird. Alles was die Norm übersteigt (...) ist des Teufels. (...) Hier stoßen wir auf eine Spielart des Neids, denn alles was ‹zu› ist, zu schön, zu gut, zu intelligent, zu mutig, zu unschuldig, ist diabolischer Natur, ja muss es sein. In seiner Mittelmäßigkeit sieht der Mensch es nicht gern, wenn der Nachbar eine Kuh, ein Schwein, einen Apfelbaum, ein Kind hat, die schöner, größer, begabter sind als die eigenen, da muss gewiss ein Pakt mit dem Teufel dahinterstecken. (...) Es ist das Hirngespinst der ewig Zukurzgekommenen, die es nicht ertragen können, wenn der Kochtopf des Nachbarn besser gefüllt ist als der eigene.»

Ob man das allgemeine Anderssein auch in der heutigen Zeit noch zwingend mit dem Teufel gleichsetzen sollte, sei einmal dahingestellt, andererseits genügt auch hier nur ein einziger Blick in die mittelalterlichen Wahnvorstellungen heute lebender fundamentalistischer und evangelikaler Christen, um darin genau jene borniert Realitätsverweigerung der früheren Bewusstlosensprechstunden zu entdecken.

Eine Art der Missgunst, die sich auch maßstabsgetreu in den Wettbewerb der Religionen, wer denn nun den mächtigeren Gott anbetet, übertragen lässt und dergestalt die Hirngespinste anderer Himmelsrichtungen im Vergleich zum eigenen gerne mal als nur eher so mittelwahr bezeichnet. Denn, um direkt bei der katholischen Kirche zu bleiben, wie einleuchtend scheint deren Anhängern doch ihre christliche Lehre, auch wenn sie fälschlicherweise auf einem Mann basiert, der zwar nicht das Geringste mit ihr zu tun hatte, der aber immerhin tatsächlich einmal gelebt haben könnte. Und im Nebel verworrener katholischer Allmachtsfantasien ist das wenigstens ein kleiner Lichtblick. Was aber hatte es tatsächlich mit dem neutestamentarischen Gegenspieler des Teufels auf sich?

Kommt der personale Teufel auch heute aus historischer Sicht noch immer recht undurchsichtig daher und gilt deshalb zu Recht als eine Art antiker Julian Assange, weiß man über die historisch verbrieften Daten seines neutestamentarischen Gegenspielers Gott junior, in Form von Jesus von Nazareth, eigentlich nur unwesentlich mehr.

Doch trotz der schummrigen Unsicherheit der wenigen bekannten Erwähnungen kann man sich ohne größere geistige Verrenkungen durchaus vorstellen, dass der Mann, den auch im 21. Jahrhundert noch über zwei Milliarden Menschen zum

Sohn eines Gottes pimpen, auch tatsächlich einmal gelebt hat, wenn er sicherlich auch nicht einmal annähernd so überirdisch herumfuhrwerkte, wie uns das die Bibel seit fast zwei Jahrtausenden vorgaukelt.

Denn paradoxerweise ergibt sich mit der wahrscheinlichen Existenz Jesu auch bereits ein erster Widerspruch: Wenn man tatsächlich glauben mag, dass nicht sein Stiefvater Joseph, sondern vielmehr Gott selber die Sache mit der unbefleckten Empfängnis in die Hand – oder in was auch immer – genommen hat und dieser Gott aber mit an Sicherheit grenzender Wahrscheinlichkeit gar nicht existiert, wie konnte dann Jesus existieren? Das sind doch sehr unübersichtliche Familienverhältnisse, die sich allerdings auch bis zum heutigen Tag gerade in katholischen Geistlichenkreisen wiederfinden. Mutet es doch noch immer etwas seltsam an, dass beispielsweise sämtliche Gläubigen den Pfarrer mit «Vater» ansprechen, während dessen leibliche Kinder ihn «Onkel» nennen.

Was also weiß man über den historischen Jesus, denn sonderlich große Notiz haben die damaligen Chronisten der Weltgeschichte nicht von ihm genommen. Genau genommen sind es lediglich drei winzige Randnotizen außerhalb der biblischen Geschichten, die den späteren Heiland nebenbei erwähnen. Authentischer, weil historisch verbürgt, als die spätere biblische Vergottung sind diese Quellen jedoch allemal. Für Gottes Sohn zwar eine recht überschaubare Statistik, aber eben immerhin. Zumal der historische Jesus selber wohl Zeit seines Lebens auch nicht einmal ansatzweise so missverstanden wurde, wie es die Kirche seit vielen Jahrhunderten unter Zuhilfenahme seines christlich indoktrinierten Images praktiziert. Dass sämtliche außerbiblischen Hinweise auf den Religionsstifter wider Willen erst viele Jahrzehnte nach dessen Tod erschienen sind, scheint da noch das kleinste Manko.

Der jüdische Schriftsteller Josephus Flavius berichtet im Jahre 93 oder 94 in seinem Buch *Jüdische Altertümer* – das selbstverständlich seinerzeit keinen deutschen Titel hatte, sondern vielmehr *Antiquitates Judaicae* betitelt war, hier aber, um der Ernsthaftigkeit der Ereignisse Rechnung zu tragen, vorsorglich übersetzt wurde – von der Verurteilung und Steinigung des Jakobus, «Bruder des sogenannten Christus», was so viel heißt wie der Gesalbte, aber letztlich mehr über dessen Bruder als über den Gesalbten selber aussagt. Im jüdischen Talmud, der seit dem 2. Jahrhundert schriftlich fixiert wurde, fällt die Bemerkung, dass man am Vorabend des Passahfestes Jeschu (hebräisch für Jesus) hängte. Und in den Annalen des römischen Geschichtsschreibers Tacitus aus dem Jahr 116/117 wird berichtet, dass Kaiser Nero, der spätere Peter Ustinov, die Schuld am Brand Roms den «Christianern» anlastete. «Der Begründer des Namens, Christus, war unter Prokurator Pontius Pilatus hingerichtet worden» (15, 44).

Wenn man sich aus diesem Füllhorn der bis dato eingefahrenen historischen Angaben über Jesus bedient und von der Echtheit der Angaben ausgeht, kommt man zu dem recht kompakten außerbiblischen Profil, dass Jesus auch Christus, sprich der Gesalbte, genannt wurde, am Vorabend eines Passahfestes hingerichtet wurde und einen Bruder hatte, der später ebenfalls durch die Mühlen der Justiz zu Tode kam. Alles in allem klingt das eher nach CSI Jerusalem als nach Weltreligion – allein, es ist nun mal nicht mehr.

In der Bibel sieht die Berichterstattung da schon ein wenig anders aus. Doch wenn man den kulturellen Wert beiseite lässt, kann man dann die Evangelien allen Ernstes als historisch relevante Dokumente bezeichnen? Wohl kaum, denn niemand hat jemals Wasser in Wein verwandelt, Tote zum Leben erweckt und ist als Highlight am Ende sogar wieder höchstpersönlich von den Toten auferstanden.

Die Vergottung Jesu fand schleichend statt und seine angeblichen Wundertaten wurden nach dem Stille-Post-Prinzip umso ausufernder, glorreicher und gottgleicher, je jüngeren Datums die entsprechenden Überlieferungsschichten waren. In Kurzform lässt sich das folgendermaßen zusammenfassen: Je neuer die Überlieferung, desto toter war der wieder zum Leben Erweckte. In diesem Zusammenhang von einer gewissen nachträglichen Verklärung zu reden, wäre da noch die diplomatischste Umschreibung. Sämtliche Wundertaten sind zudem «nach einem in der Antike gängigen Schema erzählt und haben eine christologische Sinnspitze. Wahrscheinlich handelt es sich bei den Wundertaten um ein Stilmittel, das dem damaligen Publikum das Wirken Jesu in vertrauter Erzählform nahebringen wollte.» (Duden: Religion und Ethik)

Über die Jahrhunderte wurden die galiläischen Geschichten über einen sicherlich charismatischen Mann mit ehrenwerten Ideen und Idealen zunehmend christlich gedopt und nur diejenigen Passagen den Bibeltexten hinzugefügt, die der Kirche in den Kram passten. Dabei wurde alles Wunderliche, ja das gesamte Heilsdrama um den mutmaßlich Gesalbten – von der Präexistenz über das Martyrium bis hin zur Auferstehung mit anschließender Himmelfahrt – lediglich zusammengestückelt und Schritt für Schritt aus viel älteren antiken Mysterienvorstellungen und hellenistischer Philosophie übernommen und war dementsprechend bereits zu Lebzeiten Jesu ein ganz alter Hut. Kaum ein mythischer Gottessohn kam damals ohne die Geburt durch eine Jungfrau, Wundertaten und Wiederauferstehung aus. All das gehörte seinerzeit für einen jungen Gott zum Standardrepertoire. Und auch die vermeintlich realistischer anmutenderen Episoden kommen nicht gerade wertneutral und objektiv daher.

«Keiner der Evangelisten war Augenzeuge der Geschehnisse, von denen sie berichten; alle stützen sich auf Überlieferungen. Zeit- und Ortsangaben sind meist ungenau (...) Die Evangelien erzählen von Jesus als dem Christus. Sie referieren also nicht nur Fakten und Begebenheiten, sondern verkünden sie als Heilsereignisse. Deswegen ist der ‹geschichtliche Jesus› nur mühsam hinter und durch den ‹Christus des Kerygmas›, der Verkündung, aufzuspüren. Dieses Verkündungsinteresse wirkte sich auf die Auswahl der Stoffe insofern aus, als nur das berichtet wurde, was für den Verkündigungszweck nutzbar war.» (Duden. Religion und Ethik)

Und diese christlich verbrämte Modifizierung macht auch vor den Umständen seines Todes nicht halt. In einem *Spiegel*-Artikel vom 23. April 2011 wird in diesem Zusammenhang eine Theorie erörtert, die den ambitionierten Reformer Jesus im wahrsten Sinne des Wortes als Opferlamm der späteren Kirchengeschichte darstellt. Denn obwohl er noch am Vorabend des Passahfestes im Garten Gethsemane verhaftet wurde, hing er scheinbar bereits am Morgen des nächsten Tages am Kreuz, inklusive Verhör durch den Hohepriester Kaiphas, Prozess unter dem Vorsitz des Präfekten Pontius Pilatus, Geißelung, Folter und Dornenkrone. Ja, es bleib sogar noch Zeit für das berühmte

König-der-Juden-Schild. Warum diese Eile und Hetze und der sprichwörtlich kurze Prozess?

Der *Spiegel* wähnt die Antwort in der bereits angedeuteten Tatsache, dass eben nur in die Bibel kam, was darin auch theologisch und symbolisch zu gebrauchen war:

«Der Grund für die Rasanz im biblischen Drehbuch liegt auf der Hand: Jesus sollte möglichst punktgenau gegen 15 Uhr nachmittags sterben – unmittelbar vor dem Passahfest. Das große Tierschlachten, das in Vorbereitung des Festes stattfand, wollten die Urchristen durch ihre höhere Opfervorstellung ersetzen. Jesus war ihr ‹Lamm Gottes›. Auf geniale Weise deuteten die Verkünder der Kreuzesreligion das schreckliche Geschehen damit zum Triumph um und ließen einen Rebellen aus seinem Grab zum ewigen Leben auferstehen. Das war ihre ‹frohe Botschaft› (griechisch: evangelion)».

Und was kann der Teufel dem heiligen Vater-Sohn-Gespann an historisch wenigstens halbwegs nachvollziehbaren Indizien entgegenbringen? Eher wenig, denn seine Rolle im Christentum beschränkt sich nach wie vor hauptsächlich darauf, ein – trotz seiner 1215 erfolgten offiziellen Aufnahme ins kirchliche Melderegister – metaphysisches Gegengewaber zu Gott zu bilden, um dessen Gutheit noch schimmernder erscheinen zu lassen.

Eine erfolgreiche Polarisierung, die neben der Kirche vor allem die Filmindustrie, wenn auch erst weit nach 1215, erkannt und übernommen hat und die sich auch dort bisweilen gerne eindrucksvoll in einer Vater-Sohn-Beziehung zeigt, wenn auch die unterschwellige klerikale Note oft nicht direkt ins Auge sticht.

Wer war beispielsweise nicht ergriffen vom Pathos der *Star Wars*-Episode *Das Imperium schlägt zurück*, als sich der dunkle

Oberbösewicht Darth Vader seinem Sohn, dem vor Unschuld glänzenden Rebellenführer Luke Skywalker als dessen Erzeuger zu erkennen gab und ihm mit den Worten «Ich bin dein Vater, Luke» die Hand zur Versöhnung entgegenstreckte. Dass aus der Versöhnung erst einen Film später etwas wurde, ist hinlänglich bekannt und zudem mehr der Cliffhangermentalität kommerzieller Weltraumepen, denn dauerhaft verkrachten Familienverhältnissen geschuldet.

Aber liegt in Darth Vaders Offenbarung vielleicht mehr Wahrheit und religiöse Symbolik, als man auf den ersten Blick erkennt? Denn ist Gott nicht der Schöpfer allen Lebens und damit auch der des Teufels? Möglicherweise klang der eingangs dieses Kapitels erwähnte Himmelsknatsch, der zur Verbannung Luzifers aus dem Himmel führte, ja generationsübergreifend wesentlich moderater, als die Bibel das beschrieben hat, und ging vor dem endgültigen Kragenplatzen Gottes eher in die Richtung «Mensch, ich bin doch dein Vater, Lu».

Im Rahmen all dieser unübersichtlichen himmlischen Verwandtschaften bleibt es natürlich auch nicht aus, die ebenfalls legendäre Großmutter des Teufels ins Spiel zu bringen, die wiederum ihrerseits allerlei Rätsel aufgibt. War sie des Teufels Großmutter mütterlicherseits oder doch vielmehr väterlicherseits, was sie ja – wenn man einmal bei der Interpretation bleiben möchte, dass Gott als Erzeuger allen Lebens eben auch automatisch der Vater des Teufels ist – wiederum als Gottes Mutter ausweist. Und wäre sie dann nicht auch, so man von der in der Bibel ausgerufenen jungfräulichen Empfängnis ausgeht, die Großmutter Jesus'?

Doch auch wenn dem nicht so sein sollte, wären Jesus und der Teufel – auf mysteriöse Weise gezeugt vom selben Vater (bei auf teuflischer Seite unbekannter Mutter) – so oder so Stiefbrüder. Filmisch in jedem Fall prima umzusetzen und als Nachfolgeduo von Terence Hill und Bud Spencer unter dem Prügelkomödientitel *Jesse und Lou – die Superzwillinge hau'n auf die Pauke* an RTL II zu verhökern.

Aber kann denn Gott als Schöpfer von allem überhaupt eine Mutter haben? Die Frage nach dem Huhn und dem Ei, und wer oder was von beiden zuerst da war, nimmt sich dagegen geradezu lächerlich aus. Ein Attribut, das man theologisch derart kniffligen oder theologisch artverwandten Fragen natürlich niemals unterstellen sollte.

Wie aber der Teufel letzten Endes auf die dunkle Seite der Macht gelangen konnte und sich dort ohne Laserschwert zurechtfinden musste, bleibt indessen auch den meisten Theologen ein Rätsel. Lag es tatsächlich nur am verweigerten Hofknicks? Das wäre ein recht gnadenloser Bruch, immerhin war Satan einst ein Begriff für einen oder mehrere Engel und galt als der Ankläger im göttlichen Gerichtshof, der dort die religiöse Integrität der weltlichen Bevölkerung zu testen und beurteilen hatte. Er war damit also in Personalunion Gottes Handlanger und Widersacher, dessen Aufgabe es war, die uneingeschränkte Gottestreue der Menschen zu überprüfen, indem er sie zu Sünden verschiedenster Couleur zu verführen hatte.

Das Anforderungsprofil dieser Beschäftigung erforderte daher bereits von Natur aus einen zumindest mal zwiegespaltenen Charakter, der sich im späteren Werdegang des Teufels ganz deutlich in dessen gespaltenen Hufen ausprägte. Dass dem Teufel dieser Job offensichtlich irgendwann zu Kopf stieg, verwundert da ebenso wenig wie eine sich wahrscheinlich im Lauf seiner Tätigkeit langsam, aber sicher entwickelnde schwere Schizophrenie.

Vergleichbar war das vormalige Verhältnis des Teufels zu Gott, wenn man es mal bei ihrer frühen Aufgabenteilung belässt, also in etwa mit dem der Protagonisten der ZDF Serie *Ein Fall für zwei*, in der Privatdetektiv Matula versucht den Klienten seines Auftraggebers, einer im Lauf der Jahre immer wieder neu besetzten Anwaltsfigur, auf den Zahn zu fühlen. Und wer während der zähen Dekaden, über die sich diese Serie mittlerweile durch den Bildschirm schleppt, beobachtet hat, wie sehr Josef Matula die Mühen seines Berufes ins lederne Gesicht geschrieben stehen, der kann zumindest ahnen, dass sich der Teufel in weiser Voraussicht ein ähnliches Schicksal ersparen wollte. Inwiefern Josef, der biblische Vorname des Privatermittlers Matula, Synonym für eine weitere gestörte Vater-Sohn-Konstellation ist, bleibt der deduktiven Kombinationsgabe objektiver Beobachter überlassen.

Immerhin stand auch für Luzifer einiges auf dem Spiel, denn sein Name ist nicht zuletzt gleichbedeutend mit der lateinischen Bezeichnung für den Morgenstern, sprich der Venus, die ja wiederum ihrerseits für den Namen der römischen Liebesgöttin und damit gleichsam für erotisches Verlangen und Schönheit steht. Und das Kompliment «Diese Frau ist schön wie Claus Theo Gärtner» hört man selbst in Frankfurt nur äußerst selten.

Konnte man den armen Teufel nicht einfach in Ruhe lassen? Anscheinend nicht, denn sogar dessen private Hausbesuche in den Körpern und Seelen Besessener werden in jüngster Zeit zunehmend großflächig bombardiert. Erst 2005 nahm der damals frisch gekürte Papst Benedikt XVI. am Nationalkongress der italienischen Exorzisten teil, lobte die anwesenden Teufelsaustreiber und ermutigte sie, «mit ihrem wertvollen Dienst an der Kirche fortzufahren». Erstaunlicherweise unterscheiden die katholischen Exorzisten bei ihrer Arbeit sogar zwischen Besessenheit, diversen Geisteskrankheiten und religiöser Hysterie. Eine Katalogisierung, bei der vor allem der letzte Punkt sehr schön aufzeigt, dass gerade im Vatikan noch immer der Wirt sein bester Gast ist.

Aber wer soll bei knapp tausend elitären Einwohnern auch sonst da sein, wenn nicht ein exklusiver Verhau geistiger Zechpreller, der dort im Zuge eines veritablen Realitätsverlustes unbeirrt versucht aus einem intellektuellen Wachkoma heraus die Welt zu bevormunden.

Und gemäß Art. 1, Abs. 1 des Grundgesetzes des Vatikanstaates ist der Papst in seiner Eigenschaft als Bischof von Rom nicht nur Staatsoberhaupt, sondern besitzt auch zusätzlich die gesetzgebende, ausführende und richterliche Gewalt über alles und jeden in jener kleinen römischen Enklave, die den geistigen Eindringlingen der Aufklärung nun schon so viele Jahre tapfer Widerstand leistet.

Damit ist der Papst nicht nur Kirchenoberhaupt, sondern auch Chef der letzten absoluten Monarchie in Europa. Seit 2009 gelten für den Vatikan zudem nicht einmal mehr die Rechtsnormen des italienischen Staates, wie dies seit der offiziellen Staatsgründung im Jahr 1929 der Fall war, was nichts anderes heißt, als dass allein der Heilige Vater darüber entscheidet, welche italienischen Gesetze – die ja nicht erst seit Silvio Berlusconi ohnehin recht salopp ausgelegt werden – überhaupt im Vatikan übernommen und abgesegnet werden. Daher ist es gut vorstellbar, dass man sich dort in Sachen Exorzismus eigene juristische Gedanken macht und damit einhergehend dem Teufel auch via Gesetz verbietet in andere Menschen zu fahren. Zur Not wäre da bestimmt etwas in Sachen Hausfriedensbruch zu drehen.

Ganz besonders vermessen macht diesen willkürlichen Alleingang des Papstes zudem die Frage, warum eigentlich in Italien eine erzkatholische Ethik gelten soll, während die italienischen Gesetze nach Gutdünken des Monarchen an den klerikalen Festungsmauern des Vatikans abprallen? Zumal dann, wenn der Staat eine horrende Steuer für die katholische Kirche einfordert, während der kassierende Adressat die Gesetze des entsprechenden Rechtsstaates nach Lust und Laune von sich weisen kann. Man kann es drehen und wenden wie man möchte, zwar führen bekanntlich noch immer alle Wege nach Rom, aber es muss ja nicht unbedingt in den Vatikan sein. Museen und Zoos gibt es schließlich auch anderswo – wenn auch nur selten so anschaulich vereint.

Doch neben den wunderlichen Staatsreformen des Papstes gilt es abschließend noch eine Sache gerade zu rücken und zu überdenken, die man im Rahmen der bereits weiter oben angeschnittenen mutmaßlichen Wundertaten des Jesus von Nazareth nicht unter den Tisch kehren sollte. Denn Übers-Wasser-Laufen hin, Wasser-zu-Wein-Verwandeln her, das neben der Auferstehung größte, Jesus zugeschriebene Mysterium bedarf hier nochmals einer kurzen Prüfung: das Wunder seiner Geburt durch eine Jungfrau.

Die Evangelisten Lukas und Matthäus wissen zu berichten, dass Maria den kleinen Heiland als Jungfrau empfangen (und auch nach dessen Empfängnis eine solche geblieben ist, sonst wäre die Nummer ja kaum der Erwähnung wert) und geboren habe, und berufen sich dabei auf den alttestamentarischen Propheten Jesaja (7, 14), der die ganze Sache seinerzeit angeblich bereits blitzsauber voraussagte – wenn Jesus in der Prophezeiung auch noch Immanuel hieß. Doch da Namen ja bekanntlich ohnehin nur Schall und Rauch sind, nahm man die Prophezeiung freudig zur Kenntnis und übersetzte die hebräische Beschreibung Marias, «Alma», guter Dinge mit dem griechischen Wort «Parthenos», das dort für ‹Jungfrau› steht. Dummerweise beschreibt das hebräische «Alma» aber keineswegs eine Jungfrau, sondern vielmehr lediglich eine «junge Frau». Eine Personenbeschreibung, die auch der kritischste Ungläubige Maria beim besten Willen nicht absprechen kann. Ein Hauptbestandteil der Vergottung Jesu, und damit gleichsam eine der tragendsten Säulen der christlichen Lehre, beruht also lediglich auf einem profanen Übersetzungsfehler.

Und selbst wenn man einmal den unkeuschen Gedanken außer acht lässt, dass es doch ganz anders war und gar eine kleine, die eheliche Treue betreffende Notlüge Marias, da der gutgläubige Joseph sich zum Zeitpunkt der Empfängnis eventuell auf Geschäftsreise befand – «Nein, da war nichts, die Schwangerschaft muss direkt von oben kommen» –, die Grundlage einer gesamten Weltreligion begründete, so kommt man dennoch nicht umhin, zuzugeben, dass derlei jungfräuliche Geburten in der Natur durchaus vorkommen können. Wenn auch nicht beim Menschen. Könnte es also sein, dass die Christenheit seit beinahe zwei Jahrtausenden den falschen Erlöser feiert?

So ist etwa der Schaufelnasen-Hammerhai ein Tier, das zur Parthenogenese, der sogenannten Jungfernzeugung oder Jungferngeburt, fähig ist.

Beim Prozess der Parthenogenese wird einer unbefruchteten Eizelle durch bestimmte Hormone eine Befruchtungssituation vorgeschummelt, woraufhin sich die Eizelle, wahrscheinlich von unverhofften Muttergefühlen überwältigt, zu teilen beginnt und so zu einem prächtigen Organismus heranreift. Das mag kompliziert klingen, ist aber bei manchen Lebewesen der Fall. Gottes Wege sind und bleiben eben unergründlich. Ist also dementsprechend der Schaufelnasen-Hammerhai der wahre Messias, da er tatsächlich einer unbefleckten Empfängnis entspringt?

Und wenn man sich die Silhouette dieses Fisches einmal genauer betrachtet, hat sie nicht fast etwas von einem Kreuz? Zumindest dann, wenn man den oberen Zipfel weglässt. Und gelten nicht Kreuz und Fisch als christliche Symbole? Da würde so einiges passen. Wahrscheinlich wäre der Schaufelnasen-Hammerhai auch der weitaus friedfertigere Religionsgründer gewesen, wobei man selbstverständlich Jesus von Nazareth in keiner Weise auch nur die geringste Verbindung zu den späteren, von der Kirche in seinem Namen veranstalteten Massakern unterstellen darf. Der Mann hatte ja niemals vor, eine Kirche oder gar eine ganze Religion zu gründen und würde sich sicherlich im Grabe – so er denn eines hätte und nicht längst wieder neben seinem Vater im Himmel säße – umdrehen, wenn er wüsste, was da in seinem Namen so alles über die Jahrhunderte weggemetzelt wurde.

Ob der Schaufelnasen-Hammerhai frei von solchen Nachwirkungen wäre, bleibt natürlich nur Spekulation. Fakt ist jedoch, dass beispielsweise weltweit weniger Menschen durch Haiangriffe als durch herabfallende Kokosnüsse getötet werden. Und Todesfälle durch herabfallende Schaufelnasen-Hammerhaie sind praktisch gar nicht bekannt. Ein Umstand, der tatsächlich einmal glaubensübergreifend als frohe Botschaft bezeichnet werden kann.

Wenn allerdings, basierend auf der Parthenogenese dieses Tieres, tatsächlich eine neue Religion gegründet worden wäre – oder noch zu gründen ist – und der Schaufelnasen-Hammerhai als Inspiration dazu gedient hätte, wer würde dann in den entsprechenden heiligen Büchern seinen teuflischen Gegenspieler geben? Wenn es ebenfalls ein Fisch wäre, könnte man wohl mit Sicherheit davon ausgehen, dass die eingangs dieses Kapitels beschriebene und vom späteren Höllenfürsten geknickte Hofknicksverweigerung vor Vater Hai einen ähnlichen Verlauf genommen hätte, da Fische bekanntlich keine Knie haben. Und die Tatsache, dass ausgerechnet die Mitglieder der Familie der Engelhaie eher aussehen wie Rochen – deren berühmtester Vertreter der berüchtigte Teufelsrochen ist –, würde der Sache sicherlich nur zusätzliche Glaubwürdigkeit verleihen. Doch all das bleibt wie so vieles graue Theorie. Fest stünde lediglich der Prophet der neuen Religion: Jacques Cousteau.

Auf einen, diese Überlegung abschließenden minderwertigen Kalauer, dessen abgeschmackte Pointe auf das Wort Hailand hinausläuft, sei an dieser wie an jeder anderen Stelle ausdrücklich verzichtet.

6

Evolutionslehre und Schöpfungslehre

Warum Gott und Sohn eine eigene Dimension und Gläubige etwas zum Gucken brauchen. Über Kurzarbeit, Lehm, zwei alte Männer mit langen Bärten und die Transformation eines Hingerichteten zu gesegneter Teigware. Nebenbei wird erklärt, wie Noah die Artenvielfalt versemmelte.

Am 3. Dezember 2007 erschien in der Berliner *tageszeitung* unter der Rubrik *wahrheit* folgender Artikel, der auf sehr anschauliche Weise auf ein Problem hinwies, mit dem sich Wissenschaftler und Theologen schon seit vielen Jahren beschäftigen und das dementsprechend auf beiden Seiten nimmermüde die Gemüter erhitzt: Wie vereinbar sind die Erkenntnisse und Methoden der modernen Wissenschaft mit den teilweise doch reichlich hinkend daherkommenden Thesen fundamentalistischer Bibelausleger?

«Noahs kleiner Irrtum
Darwinisten gegen Kreationisten: Wie das Bibelpersonal die Artenvielfalt versaute.

Vom fernen Land der unbegrenzten Möglichkeiten und der ausgesprochen begrenzten geistigen Kapazitäten droht eine revolutionäre Theorie ins alte Europa herüberzuschwappen, die bei entsprechender Beweisbarkeit ein grundlegendes Umdenken bezüglich der nicht nur in den USA immer wieder miteinander rivalisierenden Gebiete der Darwin'schen Evolutionslehre und der Gott'schen Schöpfungslehre mit sich bringen würde.

Da in einigen amerikanischen Bundesstaaten auch heute (...) noch die an und für sich recht schlüssige Schöpfungslehre im regulären Biologieunterricht geführt wird, mutet es schon recht erstaunlich an, dass der aus Georgia stammende Aqua-Theologe Dr. Trevor Rock-Oelzen die Darwin'sche ‹Vielfalt der Arten› zumindest partiell anerkennt:

‹Well, als Darwin seinerzeit mit seinem U-Boot, der Beagle, zu den Galapagosinseln segelte, konnte er ja nicht ahnen, dass die Tierwelt noch umso vieles hätte reicher sein können, wenn Noah nicht damals im Sauwetter der Sintflut ein folgenschwerer Fehler unterlaufen wäre.

Wie jeder weiß, wurde ja nach diversen Regentagen aus dem Laderaum der Arche eine Taube losgeschickt, die, wie heute anhand alter Satellitenaufnahmen einwandfrei nachgewiesen werden kann, erst mal ordentlich das Gipfelkreuz des Berges Ararat vollgeschissen hat und dann mit irgendeinem lumpigen Zweig im Schnabel zu dem ollen Kahn zurückgeflogen ist.›

So weit, so gut und grob bekannt. Doch Rock-Oelzens These setzt ein paar Stunden vor dem Vogelflug an: ‹Was Noah damals noch nicht wusste, nicht wissen konnte, war die fehlende Schwimmfähigkeit seiner ersten Kundschafter, denn die Taube war beileibe nicht das erste Tier, das Noah zum Landsuchen in die Fluten kippte. Wie wir durch aktuelle Unterwasserknochenfunde in der Schweiz herausgefunden haben, war Noahs allererster Landscout eine seit diesen tragischen Vorkommnissen ausgestorbene Meeresgiraffenart, die natürlich den damaligen

Witterungsbedingungen nicht im Geringsten gewachsen war und deshalb jämmerlich in den Sintfluten ertrank.

Da sich aber nur ein Paar jeder Gattung mit an Bord befand, war für das zurückgebliebene Partnertier dementsprechend auch kein Land mehr zu gewinnen und es starb noch in derselben Stunde an Bord des Faunafrachters aus. Ein identisches Schicksal ereilte weitere Paare, deren bessere Hälfte Noah auf die Unglück bringende Landsuche schickte. So starben unter anderem das breithufige Rennschlappenpferd, die große rote Bolzenbiene, der dänische Dickichtvogel, ja sogar der tumbe Waldaal und viele weitere Arten durch jenes folgenschwere Missgeschick aus, denn auch der Rest der auf der Arche kreuzenden Sippe Noahs – darunter seine Söhne Adam, Hoss und Little Joe – hatte die Flexibilität der Tiere in den unterschiedlichen Lebensräumen leider völlig überschätzt. So kann man davon ausgehen, dass ohne diesen Fauxpas die Tierwelt heute um etwa dreiundvierzig Prozent reicher wäre.›

Dass allerdings die Schweizer Funde eine solch eindeutige Spezifizierung respektive exakte Rückdatierung zulassen, verblüfft selbst den fundamentalistischen Naturwissenschaftler Dr. Rock-Oelzen: ‹Damit war nun wirklich nicht zu rechnen, aber – ehrlich gesagt – habe ich damit gerechnet.›

Und so muss dem Dauerstreit zwischen Darwinisten und Kreationisten wohl eine neue Note beigefügt werden, die – so sie sich denn für kommende Generationen als richtig herausstellt – die Religionsgeschichte der Welt in den Grundfesten erschüttern dürfte.»

So viel zur damaligen Bestandsaufnahme der *wahrheit*. Aber kann man so etwas tatsächlich glauben? Zwar bräuchte man im Dauerstreit zwischen Darwinisten und Kreationisten lediglich den gesunden Menschenverstand zu bemühen, um auch ohne fundierteren wissenschaftlichen Hintergrund recht schnell zu einer schlüssigen Präferenz zu gelangen, doch auch die Kirche hat ja einige respektable Wissenschaftler auf ihrer Seite. Ob der im Artikel erwähne Aqua-Theologe dazu gehört, darf an dieser Stelle aber zumindest angezweifelt werden.

Im Gegensatz zu den meisten anderen religiösen Themengebieten bietet der grundsätzliche Diskurs zwischen Kreationismus und Evolutionslehre jedoch einen enormen Vorteil: Während etwa grundlegende Streitigkeiten um die Existenz Gottes, samt aller daraus resultierenden Ungereimtheiten – in der Natur beziehungsweise Absurdität der Sache liegend –, beinahe ausschließlich in einem philosophischen Kontext auszufechten sind, sieht das beim Schöpfungsstreit ein wenig anders aus. Die buchstabengläubigsten der Gottesanbeter – und das sind nicht wenige – bestehen jedoch auch hier auf die wortgetreue Unfehlbarkeit und damit gleichsam grundsätzliche Irrsinnigkeit eines heiligen Buches.

Doch selbst im Rahmen dieser Übung bleibt ein gewisser Interpretationsspielraum. Denn obwohl sich vor allem reaktionäre Verfechter der Schöpfungslehre bei objektiver Betrachtung ihrer diesbezüglichen Ansichten eigentlich lieber Gedanken um ein gemütliches Einzelzimmer in einer psychiatrischen Anstalt ihrer Wahl, denn über eine aus Männerrippen geschnitzte Frau machen sollten, gibt es immer wieder listige Akademiker, die einen Weg finden, sich das ganze Dilemma – getreu dem unsterblichen Motto, dass nicht sein kann, was nicht sein darf – noch irgendwie zurechtzudrehen.

So hat beispielsweise der Physiker Dr. Gerald Schroeder, der einer sehr traditionsbewussten religiösen Zweigstelle, nämlich der des orthodoxen Judentums, angehört, die gewitzte Theorie aufgestellt, nach der die sechs Tage der Schöpfung in der Zeit Gottes gut und gerne vierzehn Milliarden Jahre menschlicher Zeitrechnung darstellen können, da nach den Gesetzen der Relativitätstheorie Zeitmessungen immer abhängig vom Bezugssystem des Beobachters sind. Daher könnte ein Tag in einem sich sehr schnell ausdehnenden, aber natürlich trotzdem von Gott geschaffenen Universum nach irdischen Maßstäben auch schon mal knapp zweieinhalb Milliarden Jahre dauern. Eine Zeitspanne, die man sich vielleicht am ehesten mit der gefühlten Dauer einer TV-Übertragung im Dressurreiten oder im Segeln verdeutlichen kann. Und da laut Schroeder zum Zeitpunkt der Welterschaffung neben einem beziehungsweise keinem 24-Stunden-Tag noch nicht einmal eine Zeitrechnung existierte, gab es auch keinen Grund für Gott sich beim Welterschaffen sonderlich zu beeilen.

Auch der evangelikale Christ und promovierte Astrophysiker Dr. Hugh Ross hat in seinen Büchern allerlei einleuchtende Erklärungen für einen Gott parat, der keinen Naturgesetzen widerspricht. Aber muss er ja auch nicht. Immerhin hat Gott sämtliche Richtlinien selbst erschaffen und damit so oder so die Zügel in der Hand. Ross widmet sich in einem seiner Bücher unter anderem den zehn Dimensionen der sogenannten Superstringtheorie, einem äußerst komplexen hypothetischen Gebilde physikalischer Verwurstelung, das versucht, im Rahmen der Theorie von Allem alle bisher beobachteten physikalischen Grundkräfte einheitlich unter einen Hut zu packen.

Er hat daraufhin die Überlegung angestellt, dass es neben den besagten (und ohnehin recht fragwürdigen) zehn Dimensionen noch eine zusätzliche *Extra-Dimensionalität Gottes* geben könnte, die es dem Schöpfer ermögliche, beim langwierigen

Erschaffen von diesem und jenem mit Hilfe dieser Zusatzdimension Dinge zu tun, die – im Gegensatz zu seinen anderen Erfindungen – sonst unmöglich wären. Ein Modell, das als ein in sich geschlossenes Wahnsystem wiederum sehr plausibel erscheint, denn wer weiß nicht aus eigener Erfahrung, wie mühselig es ist, beim Erschaffen eines Universums gerade mal lächerliche zehn Dimensionen zur Verfügung zu haben. Und da ein solcher exklusiver Dimensionsbonus durchaus in der Familie liegen könnte, dürfte er, laut Ross, auch Jesus zur Verfügung gestanden haben, um damit beim Wundervollbringen so weltliche Banalitäten wie die Gravitation außer Kraft zu setzen. Eine Fähigkeit, die den Heiland auf grundsoliden, wissenschaftlich fundierten Boden stellt und ihm bei seinen Paradedisziplinen, dem Über-Wasser-Wandeln und der finalen Himmelfahrt, sicherlich sehr nützlich war.

Wenn man also Thesen wie die von Gottes privater Zusatzdimension und damit auch dessen ganz persönlicher Note – nämlich die der kompletten Unabhängigkeit von jeglicher universeller Chronologie – mit einer gewissen, in Bezug auf eine für seine Verhältnisse eher relaxten Laissez-faire-Attitüde und Nonchalance kombiniert, hat dann ein überraschend geduldiger Gott die gesamte Materie einfach nur mit verschiedenen Entwicklungsoptionen ausgestattet? Und schließen sich dann Religion und Wissenschaft tatsächlich aus? Hat er die Welt sich selbst kreieren lassen und lediglich die Voraussetzungen dafür geschaffen? Und zwar mit einem Gott- beziehungsweise Selbstvertrauen in die eigene Strategie, wie man es heutzutage nur noch bei Otto Rehhagel findet? Ganz nach der ruhmreichen 1990er Weltmeistermaxime von Kaiser Franz: «Geht's einfach raus und spielt's.»

Was aber ist eigentlich mit den Gläubigen? Wie kommt man dazu, allen Ernstes zu glauben, dass ein allmächtiger Designer all das ja vielleicht doch in einer knappen Woche runtergerissen hat? Die Antwort auf die «Frage nach dem Leben, dem Universum und dem ganzen Rest» lautet ausnahmsweise nicht, wie Douglas Adams mutmaßte, 42, sondern ist vielmehr in der Natur des Menschen zu suchen. Der amerikanische Philosoph, Neurowissenschaftler und Autor Sam Harris schreibt dazu in seinem Buch *Das Ende des Glaubens*:

«Wir wissen, als was wir einen Menschen bezeichnen sollen, der an vieles glaubt, für das es keine rationale Erklärung gibt. Sind die Inhalte eines solchen Glaubens ungewöhnlich weit verbreitet, bezeichnen wir solche Menschen als ‹religiös›; ansonsten sprechen wir vermutlich von ‹Verrückten›, ‹Psychotikern› oder ‹an Wahnvorstellungen Leidenden›. Die meisten Gläubigen sind geistig natürlich völlig gesund, selbst jene, die auf Grund ihres Glaubens Gräueltaten verüben. Wo jedoch liegt der Unterschied zwischen jemandem, der glaubt, Gott werde ihn mit 72 Jungfrauen belohnen, falls er eine gewisse Anzahl jüdischer Teenager tötet, und jemandem, der glaubt, Kreaturen von Alpha Centauri würden ihm über seinen Haartrockner Botschaften zur Erlangung des Weltfriedens einflüstern?»

Liegt es also tatsächlich lediglich an der Quantität der Mitglaubenden und weniger an der vermeintlichen Qualität des Geglaubten?

«Sich von Ideen leiten zu lassen, für die man keine Beweise hat, ist grundsätzlich ein Zeichen dafür, dass bei jemanden geistig etwas schwer im Argen liegt. Klar gibt es das Argument, dass wenn viele etwas glauben, diese vielen nicht verrückt sein können. Und dennoch

ist es lediglich ein historischer Unfall, dass es in unserer Gesellschaft als normal gilt, zu glauben, es gebe einen Schöpfer des Universums und dieser könne unsere Gedanken hören, während es von geistiger Krankheit zeugt, zu glauben, dieser Schöpfer verständige sich mit dir, indem er seine Botschaften mit Hilfe von Regentropfen an dein Schlafzimmerfenster morst. Während religiöse Menschen also keineswegs ganz allgemein verrückt sind, so sind es ihre wesentlichen Glaubensinhalte auf jeden Fall. Dies überrascht nicht, da die meisten Religionen nicht viel mehr als ein paar Zeugnisse uralter Ignoranz und Geisteskrankheit kanonisieren, um sie an kommende Generationen weiterzureichen, als handle es sich um altes Urwissen.»

Und spätestens wenn man sich beispielsweise einmal Sinn, Zweck und Durchführung des liturgischen Rituals der Eucharistie (sprich des Abendmahls) anschaut, könnte einem halbwegs klar werden, mit welchen unfassbaren Knallern die Gläubigen da im wahrsten Sinne des Wortes gefüttert werden. Hier zeugt ein Blick in die freie katholische Internetenzyklopädie Kathpedia in gruseligster Manier von einem Maß an Verwirrtheit, das wahrlich seinesgleichen sucht, doch wohl niemals finden wird:

«Zentrum der Feier ist die Heilige Wandlung, bei der Brot und Wein auf sakramentale Art und Weise zu Leib und Blut Christi verwandelt werden. Das sakramentale Gedächtnis Christi bewirkt nicht nur eine symbolische, sondern eine wirkliche Gegenwart Gottes.»

Und als ob das noch nicht genug wäre:

«Das Heilige Opfer, das Gott Vater dargebracht wird, ist eine Vergegenwärtigung des Kreuzesopfers Jesu Christi auf Golgatha, das uns

das ewige Leben eröffnet hat. Der Empfang des Altarsakraments in der Heiligen Kommunion ist die Wegzehrung auf unserer irdischen Pilgerschaft und als solches Mittel zum geistigen Wachstum und zur persönlichen Heiligung. Jeder, der die Heilige Kommunion empfangen kann, wird durch die helfende Gnade Gottes gestärkt.»

In der Praxis sieht das also etwa folgendermaßen aus:

Das komplette Programm, Leib, Blut, Seele, quasi die Gesamtgöttlichkeit eines jüdischen Wanderpredigers geboren von einer Jungfrau, der mit den transzendental vererbten Superkräften seines Vaters, eines Gottes, auf eine elfte Zusatzdimension zurückgreifen und mit deren Hilfe die Gravitation übertölpeln kann, der nicht nur Tote wieder zum Leben erweckt hat, sondern auch selbst tadellos von den Toten auferstanden ist, um dann wieder bestens instand gesetzt leiblich gen Himmel zu fahren, kann von jedem Gläubigen – natürlich vorausgesetzt die Utensilien wurden zuvor ordnungsgemäß nach einem uralten Ritus von einem Priester entsprechend beschworen – durch eine heilige Transformation übernommen werden, indem man das metaphysische Gesamtpaket als Wein trinkt und in Form eines dünnen Teigplättchens isst?

Wenn lediglich ein einzelner – und keine gesamte Religionsgemeinschaft – an so etwas glauben würde, könnte sich selbst Hannibal Lecter eine Scheibe von ihm abschneiden, ruhigen Gewissens einen Bissen von seinem belebten Brötchen nehmen und wieder seine frühere Tätigkeit als Psychiater aufnehmen. Seinen Meister hätte er bei einem solchen Patienten in jedem Fall gefunden.

In diesem Zusammenhang wirkt das verbohrte Beharren auf der Schöpfungslehre fast schon sympathisch schrullig und verschroben, wenn auch nicht weniger hirnrissig. Da verwundert es nur wenig, dass die Verteidiger des Kreationismus weiterhin in einem naiv-frömmelnden Paralleluniversum vor sich hin frohlocken und die biblischen Schöpfungsaussagen mit einem wortgetreuen Protokoll über die Entstehung der Welt verwechseln. Dabei ist doch gerade in diesem Bereich die wissenschaftliche Beweislage – im Gegensatz zu diversen anderen religiösen Wahnvorstellungen – mehr als eindeutig. Zumal mit Charles Darwin ausgerechnet ein studierter Theologe den ganzen Mumpitz endgültig entzaubert hat.

In seinem 1859 veröffentlichten Buch *Die Entstehung der Arten* stutzt er den vermeintlich göttlichen Schöpfungsakt sämtlicher Lebewesen auf natürliche Prozesse wie Selektion und Variation zurecht und beschwört damit den Anfang vom Ende der anmaßendsten aller religiösen Illusionen – der Mensch sei vor wenigen tausend Jahren bereits fix und fertig als ein Ebenbild Gottes eigenhändig von selbigem produziert und ausgeliefert worden. Das heißt, ganz so wie ein heutiger Mensch sah Prototyp Adam zumindest in seiner Herstellungsphase wohl doch noch nicht aus, immerhin wurde er von Gott aus Lehm (im hebräischen Urtext «adama» – Erde) gemacht.

Die Frage, warum Gott aber anscheinend mit seiner Töpferarbeit doch nicht zu hundert Prozent zufrieden war und bei der Fertigstellung Evas lieber auf Adams entnommene Rippe als Ausgangsmaterial vertraute, lässt das Buch Genesis leider ebenso offen wie die aus der Schnitzerei resultierende Körpergröße Evas und – für Adams Rippenspenderrolle sicherlich ebenfalls nicht ganz unwichtig – den damaligen Stand der Anästhesie.

Doch all diese, bei wörtlicher Bibelauslegung legitimen Überlegungen lockern nicht im Geringsten den betonierten Glauben der sogenannten «neuen Rechten» – christlich-gestählte Fundamentalisten, die sich neben wachsender Beliebtheit auch einer nicht schwinden wollenden Blindheit erfreuen und sich den trüben Blick auf ihre lieb gewonnenen Ansichten einfach nicht durch billige Tatsachen verwässern lassen. Und obwohl es sich bekanntlich blind besser glauben lässt, bedarf es bisweilen eben doch auch eines optischen Anreizes. Eine Überzeugung, die schon Papst Nikolaus V. vertrat, als er 1455 seine Bischöfe mahnte:

«Um in den Hirnen der ungebildeten Masse dauerhafte Überzeugung zu schaffen, muss etwas vorhanden sein, was das Auge anspricht. Ein Glaube, der sich allein auf Doktrinen stützt, kann immer nur schwach und wankend sein. Wenn aber die Autorität des Heiligen Stuhls sichtbar wird in majestätischen Gebäuden (...), die von Gott geschaffen scheinen, wird der Glaube wachsen.»

Mit anderen Worten: Das Auge glaubt mit. Auch wenn Nikolaus V. gemeinhin als erster humanistisch gebildeter Papst gilt und er mit seiner architektonischen Demagogie zweifellos recht hat, so fällt doch auch hier dem «Heiligen Stuhl» eine Doppelbedeutung zu, die im streng semantischen Sinne die päpstliche Meinung mit einem gesegneten Enddarmprodukt gleichsetzt.

Da heute allerdings selbst den überzeugtesten Kreationisten kaum noch zu vermitteln ist, dass mittelalterliche Kathedralen vom Herrn persönlich hochgezogen wurden (wahrscheinlich weil man einfach nicht genug Lehm darin erkennen kann), bedarf es zur irdischen Absicherung Gottes noch immer himmelschreiender Bollwerke des manifestierten Glaubens. Ein ganz besonders vorsintflutliches, wenn auch erst 2007 eröffnetes

Monument kolossaler Verblendung bietet das bereits in einem vorangegangenen Kapitel erwähnte Kreationismus-Museum im amerikanischen Bundesstaat Kentucky. Auf fünftausend Quadratmetern wird dem Besucher gegen zwanzig Dollar Eintritt unter anderem anhand elektronisch betriebener Modelle bewiesen, dass Gott die Erde vor sechstausend Jahren erschaffen hat und Adam und Eva sich – neben zwielichtigen Obstangeboten – noch mit Dinosauriern herumärgern mussten.

Für den durchschnittlich gebildeten amerikanischen Fundamentalisten wäre diese Theorie aber vielleicht noch einen Tick nachvollziehbarer, hätten die Museumsverantwortlichen das Erbsünderpärchen kurzerhand von Adam und Eva in Fred und Wilma umbenannt. Denn welche Schlagkraft gemalte Beweise gerade im modernen Amerika besitzen, wurde ja schon im Eröffnungskapitel dieses Buches erklärt. Museumsgründer Ken Ham, der nebenbei auch noch den fundamentalistisch-christlichen Verband «Answers in Genesis» leitet, möchte nach eigenen Angaben vor allem Kinder mit diesen biblischen Antworten erreichen, bevor sie vom «Atheismus indoktriniert werden». Aber hätte es da zur Beantwortung wesentlicher Fragen nicht auch die ebenso bewährte wie sympathische 42 getan?

Die selbst von den Kreationisten nicht wegzuglaubenden unzähligen Fossilien, die Generationen von Archäologen, Paläontologen und anderen Wissenschaftlern seit vielen Jahren ausgraben, erklärt Ham übrigens kurzerhand diversem Viehzeug zugehörig, das wohl oder übel in der Sintflut umgekommen sein muss. Doch müssten dann nicht auch heute noch Dinosaurier existieren, da Noah doch ein Paar von jeder Tierart mit an Bord nahm? Oder war ihm vielleicht das pro Elternteil circa fünfundzwanzig Meter lange, fünfzehn Meter hohe und bis zu achtzig Tonnen schwere Brachiosauruspärchen für seinen Holzkahn dann doch etwas zu klobig und er verabschiedete sich unterwegs von den beiden gigantischen Sauropoden, um den anderen Passagieren mehr Komfort bieten zu können? Wie aber schubst man zwei achtzig Tonnen schwere Tiere mal eben so ins Wasser? Zumal nur mit maximal acht Leuten?

Spätestens an dieser Stelle sollte man Ken Ham mit dem im eingangs erwähnten Artikel auftauchenden Aqua-Theologen Dr. Trevor Rock-Oelzen bekannt machen. Denn der dänische Dickichtvogel und der tumbe Waldaal hätten sich über eine Aufnahme ins Kreationistenmuseum sicherlich auch gefreut. Man kann es drehen und wenden wie man möchte, ein solches Museum ist eine Idee, die so uramerikanisch erscheint wie der Cowboyhut, die Todesstrafe oder die Unsitte, Wohnhäuser auch dann von innen zu beleuchten, wenn niemand zu Hause ist.

Wenn man einmal die irdischen Beweise der Schöpfungsgeschichte wie das Ehepaar Feuerstein beiseite lässt und das Für und Wider der biblischen Sicht der Dinge mit wissenschaftlichen Erkenntnissen vergleicht, käme man nach Adam beziehungsweise Fred Riese, wohl zu einem recht deutlichen Heimsieg der Wissenschaftsabteilung. Hier der Spielverlauf oder genauer die Gegenüberstellung der fünf entscheidenden Szenen:

Alter des Universums
Evolution: knapp 14 Milliarden Jahre
Schöpfung: 6000 Jahre
(Die letzten Dinosaurier starben demnach etwa 64.994.000 Jahre vor der Entstehung des Universums aus.)

Entstehung des Universums, wie wir es heute kennen
Evolution: Im Laufe von Jahrmilliarden bildete sich die uns heute bekannte Ordnung von Galaxien und Planetensystemen, indem sich Materie durch Gravitation und Zentrifugalkraft in bestimmten Systemen bündelte und ordnete.
Schöpfung: Vor 6000 Jahren innerhalb einer knappen Woche durch Gott erschaffen.

Alter der Erde
Evolution: circa 4,6 Milliarden Jahre
Schöpfung: 6000 Jahre

Entstehung des Lebens auf der Erde
Evolution: Aus ersten organischen Verbindungen bildeten sich im Laufe von Jahrmilliarden zunehmend komplexere Lebensformen.
Schöpfung: Alles wie gehabt. Vor 6000 Jahren von Gott erschaffen.

Verbreitung des Lebens auf der Erde
Evolution: Siehe oben, Entstehung des Lebens auf der Erde.
Schöpfung: Siehe ausnahmsweise *nicht* oben. Die Sintflut vernichtet alles Leben, doch Noah rettet in Gottes Auftrag ein Paar jeder Tiergattung mit seiner Arche und gewährleistet so das Überleben der gesamten Fauna.

Ein lupenreiner Fünf-zu-Null-Sieg, der allerdings dem einseitigen Spielverlauf zu schulden ist, denn die zentrale schöpferische Universalantwort «vor 6000 Jahren von Gott geschaffen» (oder wahlweise bei Noah in Auftrag gegeben) konnte den gut ausbalancierten Überlegungen der Evolution nur ein überschaubares Maß an Überzeugungskraft entgegensetzen. Und bei längerem Spielverlauf wäre auch ein zweistelliger Zu-Null-Sieg keine größere Überraschung gewesen. Aber was sind schon reale vierzehn Milliarden Jahre gegen eine knappe göttliche Schöpfungswoche mit sechs Richtigen und Zusatzdimension? Doch immerhin war Gott im Zuge der Erschaffung von allem bereits vor sechs Jahrtausenden so umsichtig, die Sumerer mit einer veritablen zweitausendfünfhundertjährigen Erfahrung im Bierbrauen in die Welt zu setzen.

Wenn man also alles zusammenpackt, könnte man ohne Weiteres zu der Auffassung gelangen, dass die einzelnen Tagesschritte, und damit zwangsläufig auch die gesamte biblische Schöpfungsgeschichte, schlicht und ergreifend haarsträubendster Unfug sind. Dennoch wird in großen Teilen der christlichen Welt weiterhin genauso unbeirrt daran geglaubt wie an die durch einen symbolisch-kannibalischen Akt garantierte Übernahme des sakramentalen Gedächtnisses eines Gottessohnes durch das Essen einer zuvor beschworenen Oblate.

Aber vielleicht lassen sich Evolutionslehre und Schöpfungslehre doch noch irgendwie vereinbaren und Gott schuf den Menschen tatsächlich nach seinem Ebenbild, was allerdings die Frage nach dem Angesicht Gottes stellen würde? Und dass man sich von dem bekanntlich kein Bild machen darf, steht nicht nur in der Bibel, sondern auch in anderen heiligen Schriften. Ein Gebot, das leider noch immer ausgesprochen ernst genommen wird, wie erst vor wenigen Jahren im Rahmen der Veröffentlichungen der sogenannten Mohammed-Karikaturen unter anderem an etlichen dänischen Botschaften im Nahen Osten demonstriert wurde. Oder steckte da doch nur einmal mehr der schnöde Mammon, sprich die Wirtschaftsinteressen der iranischen Flaggenindustrie dahinter, deren von ihnen produziertes Dänen-Banner sich seinerzeit im wahrsten Sinne des Wortes als Dauerbrenner herausgestellt hat?

Was also, wenn das Wesen, in dessen Namen das Leben auf der Welt neu geordnet wurde und das den Menschen die wahre Erkenntnis über ihre Herkunft brachte, in Wahrheit gar kein alter Mann mit langem, weißem Bart war? Nein, Charles Darwin sah nun mal so aus, wie er aussah, das beweisen alte Fotos – aber was ist mit Gott?

Vielleicht sieht Gott ja selbst aus wie ein Primat und hat uns nach seinem Ebenbild geschaffen, das uns dann aber nach einiger Zeit einfach zu affig wurde und wir dementsprechend versucht haben, es schnellstmöglich wegzuevolutionieren. Damit wäre sowohl allen Beteiligten wie auch den Befürwortern von Schöpfungs- und Evolutionslehre geholfen.

Wenn dem so sein sollte, würde das nicht nur mit einem der wichtigsten Fernsehsätze der letzten Jahre versöhnen, sondern auch Kreationisten und Darwinisten in einer Art medialer Ökumene friedlich miteinander verbinden. Denn wer freute sich da nicht nahezu wöchentlich mit, wenn der hauptdarstellende Schimpanse aus der Serie *Unser Charly* mal wieder einen total verrückten Streich aushecke und irgendeine Frisuren tragende Tierarztattrappe am Ende der Folge ungelenk in Richtung des mit einem spritzenden Gartenschlauch wedelnden Affen schmunzelte:

«Mein Gott, Charly.»

7

Fundamentalistische Glaubenskonstrukte

– Dummheit hält länger als Beton

Während in Hamburg ein Mann fotografiert wird, der eine Frau umgebracht hat, wird in Teheran ein Mann umgebracht, weil er eine Frau fotografiert hat. Die psychologische Hölle des Fundamentalismus und ihr reales Fegefeuergefecht. Wie viel Dummheit passt in einen einzigen Kopf und dürfen evangelikale Christen Blitzableiter verwenden?

Ab dem Zeitpunkt seiner Geburt lernt der Mensch eine ganze Menge nützlicher Dinge in den unterschiedlichsten Bereichen dazu. Man lernt laufen, sprechen und manchmal sogar beides. Man lernt, sich die Schuhe zuzubinden, wie man Fahrrad fährt und im Idealfall sogar, wie man beim Fußball Freistöße von der Grenze des Sechzehn-Meter-Raums herzallerliebst mit dem Innenrist in den Winkel zirkelt. Doch bevor man zu den raffinierteren Tricks des Lebens gelangt, sammelt sich meist ein veritabler Batzen Allgemeingut an, der sich über so unterschiedliche Gebiete wie Geschichte, Kultur, Mathematik, Biologie, Medizin – eben Wissenschaften unterschiedlichster Couleur – verteilt, aber nebenbei auch allerlei Spezialfähigkeiten (wie Biersorten durch Ablecken des Etiketts zu erkennen oder die Namen sämtlicher in der Zeichentrickserie *Wickie* vorkommenden Nordmänner aufsagen zu können) beinhalten kann.

Bei einem solch enormen Spektrum bleibt es selbstverständlich nicht aus, dass man auf dem einen oder anderen Gebiet nicht zu vertuschende Lücken aufweist. Dennoch ist es immer wieder erstaunlich zu sehen, wie viel Dummheit in einen einzigen Kopf passt. Anders ausgedrückt: Man dürfte vermuten, dass sich Glaube und Religion im 21. Jahrhundert zumindest etwas aufgeklärter geben würden. Leider ist das genaue Gegenteil der Fall.

Dabei ist die Geschichte religiöser Verbohrtheit nicht einmal eine besonders geradlinige, denn obwohl es seit den Zeiten der Aufklärung bis zum heutigen Tag immer wieder geistige Rückschritte in finsterste Vorzeiten gibt (als die Höllenfeuer in den Köpfen noch ebenso heiß brannten wie diejenigen unter den Ärschen von Leuten, die nicht an die erstgenannten glauben wollten), sah die Sache ja schon mal anders aus. So schaffte es beispielsweise vor über tausend Jahren, während der Dynastie der arabischen Umayyaden, der Islam, sich von Mekka über Zentralasien bis nach Westeuropa zu einer ausgesprochen toleranten Hochkultur auszubreiten, die sich vor allem deshalb eines so großen Zulaufs erfreute, weil sie sich durch Offenheit gegenüber von außen kommender Einflüsse, seien sie jüdischer, griechischer oder persischer Natur, auszeichnete.

Man war also im harmonischen Miteinander durchaus schon einmal weiter vorangeschritten, als das in heutigen Zeiten der Fall ist, in denen fundamentalistische Strömungen wieder zunehmend an Einfluss und Ansehen gewinnen und sich dabei auf heilige Schriften berufen, die zu Zeiten entstanden sind, als die Radspeiche eine technische Revolution darstellte. Letzten Endes erstaunlich genug, dass es im 21. Jahrhundert überhaupt noch Menschen gibt, die glauben, ein übermächtiger Allroundbastler, eine Art metaphysische Symbiose aus Jean Pütz und Heinz Sielmann, hätte vor sechstausend Jahren innerhalb von sechs Tagen das Universum, die Welt, inklusive Flora, Fauna und Menschen, ja sogar die fitzeligen norwegischen Fjorde und in logischer Konsequenz wahrscheinlich sogar Fernsehsendungen wie *Das Wort zum Sonntag* geschaffen.

Die fundamentalistische Zustimmung nährt sich aber wohl weniger aus dem hanebüchenen Gehalt der entsprechenden Aussagen, sondern vielmehr aus der Angewohnheit des Menschen, sich in unübersichtlichen Zeiten an ausgesprochen übersichtliche Antworten zu klammern. Zwar gestalten sich etwa die Antworten US-amerikanischer evangelikaler Christen zu den Fragen der Zeit (zumindest ihrer ureigenen Zeit) in Sachen Intellekt und Logik ausgesprochen übersichtlich, doch selbst die verwaiste Allgemeinbildung dümmlich frömmelnder Durchschnittsamerikaner – die von der Außenwelt gerade noch so viel wissen, dass sie Neapel für einen Bergstaat in den Alpen halten – sollte eigentlich kein Fass ohne Boden sein.

Dementsprechend ist es meist nur ein kleiner Schritt von einem freundlichen, privaten Vor-sich-hin-Geglaube zu einem fundamentalistischen Wahnsystem, das so manchen Leicht- und damit leider Schwergläubigen dazu verleitet, mit den Worten «Allah ist groß» einen bombenbepackten Rucksack inmitten einer am Nahverkehr teilnehmenden Menschenmenge zu postieren, um möglichst viele Ungläubige zur Hölle zu jagen. Was aber macht diesen Fundamentalismus, gleich welcher religiösen Prägung, so gefährlich und wieso glaubt man auch heute noch, religiöse Verhaltensregeln hätten etwas in nationalen Verfassungen zu suchen?

Die Antwort auf den ersten Teil der Frage ist ebenso simpel wie einleuchtend und in einem einzigen Wort zusammenzufassen: Intoleranz. So wusste der katholische Theologieprofessor Richard O'Brien – der eine hundertprozentige Namensgleichheit mit dem Erfinder der *Rocky Horror Show* (das auf den ersten Blick im Titel fehlende *Picture* galt überraschenderweise nur für den Film und nicht das Musical) und damit in Personalunion mit dem grandiosen Riff-Raff-Darsteller aufweist – bereits 1987 in der Herder-Korrespondenz (einer seit über sechzig Jahren im Freiburger Verlag Herder erscheinenden Monatszeitschrift, die sich mit aktuellen Entwicklungen in Kirche, Religion und Gesellschaft beschäftigt) zu berichten:

«Jede Religion – ob es nun der Islam, das Judentum oder das Christentum ist – kennt ein Segment religiöser Gruppen, in denen das Bedürfnis nach absoluter Gewissheit über das Leben, die Wirklichkeit über Gott und die Zukunft besonders stark anzutreffen ist. Diese Gruppen kennzeichnet ein Glauben des ‹alles oder nichts›. Ihre Einstellung ist: Wir haben recht und alle anderen haben unrecht. Wir können nicht einmal die Möglichkeit erkennen, dass wir auch nur teilweise unrecht haben können. Und ebenso können wir nicht einmal die Möglichkeit erkennen, dass andere auch nur teilweise recht haben können. Mit diesem Phänomen haben wir es vor allem im amerikanischen Protestantismus zu tun – man kann es aber auch bei Katholiken feststellen. Bei Katholiken spricht man in dem Zusammenhang zwar normalerweise nicht von Fundamentalismus, aber die Mentalität ist im Grunde dieselbe. Der protestantische Fundamentalismus geht davon aus: Die Bibel sagt es mir so. Der katholische Fundamentalismus geht davon aus: der Papst sagt es mir so.»

Das ist prima erkannt, und daher sollte man es ihm auch nicht weiter verübeln, dass der Mann versucht, sein eigenes Nest nicht allzu sehr zu beschmutzen, und bemüht ist, die katholische Kirche zumindest begrifflich vom Fundamentalismus freizusprechen. Allein es ist, wie er ja selbst erkennt, dennoch ein bisweilen lupenreiner Fundamentalismus. O'Brien attestiert der katholischen Kirche mit seiner Analyse nicht gerade eine fortschrittliche Richtung, sondern lässt sie vielmehr auf genau jener Stelle treten, auf der sie bereits seit Jahrhunderten sinnfrei herumlungert. Und spätestens da kann man, neben der Namensgleichheit der beiden Richards, zumindest eine gemeinsame Maxime in Sachen Bewegungsspielraum erkennen:

«It's just a jump to the left – and then a step to the right.»

Dabei stellt bereits die Verbindung «Kirche» und «recht haben» ein Paradoxon allererster Güte dar. Sogar ein noch schöneres als jenes, das vor einigen Jahren dem damaligen Chef der Grünen Reinhard Bütikofer glückte, als er solide selbstbeklatschend in diverse Fernsehkameras posaunte, seine Partei sei nach wie vor «die Speerspitze der Friedensbewegung». Denn die Fundamentalisten sehen die Sache mit dem Rechthaben freilich ein wenig anders, wie ein weiterer Richard, wenn auch leider ohne jegliche *Rocky Horror Show*-Verwandtschaft im Nachnamen, in seinem Bestseller *Der Gotteswahn* erkannte. Richard Dawkins schreibt:

«Fundamentalisten wissen, dass sie recht haben: Sie haben die Wahrheit in einem heiligen Buch gelesen und sind sich schon im Voraus sicher, dass nichts sie von ihren Überzeugungen abbringen wird. Die Wahrheit des heiligen Buches ist nicht das Ergebnis eines vernünftigen Denkprozesses, sondern ein Axiom. Das Buch ist wahr, und wenn die

Belege ihm zu widersprechen scheinen, muss man nicht das Buch über Bord werfen, sondern die Belege.»

Das alles beinhaltet eine Intoleranz, die schon in den grundlegenden, mutmaßlichen Wahrheiten monotheistischer Religionen verankert ist. Wenn wir recht haben – und wir haben recht –, können ja die anderen nur unrecht haben.

Selbst wenn es drei weltweit operierende Organisationen mit vielen Millionen Mitgliedern gäbe, von denen die eine behaupten würde zwei plus zwei wäre 22, die zweite erklären würde, es könne doch nur 745.353.749 sein, und die dritte, mit der (wenn auch immerhin wahrscheinlichsten) Antwort 42 aufwarten würde, hätte dennoch niemand recht, denn – und das ist das Entscheidende – keiner könnte es auf einem noch so abenteuerlich zurechtgebogenen mathematischen Weg beweisen. Aber trotzdem wären alle sicher, recht zu haben. Und das jeweilige Universalargument – «Aber die Antwort steht so in einem heiligen Buch» – würde weder die 22, noch die 745.353.749, ja noch nicht einmal die 42 vernünftig erklären. Wobei letztere ja sogar tatsächlich in einem, wenn auch nicht heiligen, so doch immerhin ausgesprochen klugen Buch zu finden ist.

Nun könnte an und für sich ja jeder denken, was er will und der Aufgabe zwei plus zwei auch gerne noch unzählige weitere Antwortoptionen hinzufügen, wenn man damit niemand anderen bekehren wollte (wobei auch das ja noch in Ordnung wäre, wenn man bei anderer Meinung nicht gesteinigt werden würde), aber das Dumme an einer kompletten Intoleranz anderen Lösungsmöglichkeiten gegenüber ist, dass sie bei fundamentalistisch ausgeprägten Gruppierungen leider zwangsweise in Denkverboten mündet. Ein solches Denkverbot demonstriert jedoch lediglich die allerdings einiges erklärende Tatsache – so man denn an einer vor Ewigkeiten fest verankerten und unter Androhung von Höllenfeuer nicht zu hinterfragenden Wahrheit eines allmächtigen Gottes und dessen Regeln festhält –, dass Denken ein für Fundamentalisten bereits vor Jahrhunderten abgeschlossener Prozess ist.

Und ein Blick auf die wichtigsten Geschäftsordnungspunkte der christlich fundamentalistischen Bewegung in Amerika lässt auch keinerlei Zweifel an einem schon vor langer Zeit eingefrorenen Denkprozess aufkommen.

> Irrtumslosigkeit der Heiligen Schrift
> Jungfrauengeburt
> Stellvertretendes Sühneopfer
> Leibliche Auferstehung
> Wiederkunft Christi zur Errichtung seines tausendjährigen Reiches vor dem jüngsten Gericht
> (Klaus Kienzler, *Der religiöse Fundamentalismus*)

Dabei sind erfreulicherweise nicht alle Punkte gleichberechtigt zu glauben, wenn sie für den Laien auch in ihrer Irrsinnigkeit oder sonstigen Gewichtung nur ausgesprochen schwer zu unterscheiden sind. Dennoch lässt sich eine gewisse Methode und Grundabsicht dahinter entdecken, die sich gegen die Relativierung der Bibel durch ketzerische, sprich wissenschaftliche Forschung – und da speziell die für christliche Fundamentalisten völlig abwegige Reduzierung der Person Jesus von Nazareth auf eine rein menschliche Ebene sowie das für sie nicht minder lächerliche Infragestellen der Entstehung des Menschen durch die geschickte, lehmbeschmierte Hand Gottes – ausspricht.

Ein solches Denkverbot hat für fundamentalistische Religionsausleger sogar einen doppelten Vorteil: Es kann bei derart verwegenen Behauptungen nur förderlich sein und hält damit in einem Aufwasch das Risiko einer durch eigenes Denken zustande kommenden Entlarvung des Irrglaubens ewiglich währender göttlicher Wahrheit in einem ordentlichen Sicherheitsabstand. Und damit man erst gar nicht in die Versuchung des Selberdenkens kommt, erfand man kurzerhand den Teufel und die Hölle, um die Gläubigen bei der Stange zu halten. Und sei die auch aus noch so brüchigem Material.

Doch warum ist es den Fundamentalisten so enorm wichtig, auch in private Bereiche einzugreifen, in denen sie einfach nichts zu suchen haben, und was haben religiöse Verhaltensmaßstäbe in einer staatlichen Gesetzgebung verloren? Wieso soll jemand für ein Verhalten bestraft werden, das für andere kein erkennbares Schadensrisiko birgt? Bei solchen «Verbrechen ohne Opfer» handelt es sich in den USA beispielsweise um in gegenseitigem Einverständnis zwischen zwei erwachsenen Menschen stattfindenden Oral- oder Analverkehr, der immerhin in dreizehn US-Bundesstaaten als krimineller Akt gilt. Von bestimmten islamistischen Staaten und deren Meinung zu derlei Übungen soll an dieser Stelle lieber erst gar nicht die Rede sein. Ein solches «Verbrechen ohne Opfer» kann ohne Weiteres als eine juristische Neuauflage des christlichen Sündenbegriffes bewertet werden, wie Sam Harris in seinem Buch *Das Ende des Glaubens* schreibt.

«Es ist kein Zufall, dass gläubige Menschen immer wieder die private Freiheit anderer beschneiden wollen. Dieser Impuls hat weniger mit der Geschichte der Religion zu tun als mit deren Logik, da die bloße

Idee einer Privatsphäre mit der Existenz Gottes unvereinbar ist. Wenn Gott alles sieht und weiß und sich als derart provinzielles Wesen erweist, dass er an bestimmten sexuellen Verhaltensweisen oder Denkweisen Anstoß nimmt, dann ist das, was Menschen privat in ihren vier Wänden tun, selbst wenn es sich auf ihr Verhalten in der Öffentlichkeit nicht im Geringsten auswirkt, für Gläubige nach wie vor von öffentlichem Interesse.»

Geht es also um eine in die Form der Intoleranz gepresste Angst von wenigen, fremdverschuldet als Menschheit Gottes Zorn zu erregen? Denn ganz so sicher scheinen sich die Gläubigen dann auch wieder nicht zu sein, ob Gott bei seinen todbringenden Rachefeldzügen gegen Andersdenkende nicht vielleicht doch auch den einen oder anderen seiner eifrigsten Anhänger mit erwischt.

So wie Ende August 2005 beim verheerenden Hurrikan Katrina. Durch diesen im Südosten der USA wütenden Sturm und seine Folgen kamen circa eintausendachthundert Menschen ums Leben, und wie nicht anders zu erwarten, gab es schnell Stimmen, die von einer Strafe Gottes für das sündige Treiben, vor allem in der Stadt New Orleans, krakeelten. Ein neues Säuberungsevent, dessen Vorläufer der Allmächtige ja vor einiger Zeit bereits ordnungsgemäß in den antiken Sündenpfuhlen von Sodom und Gomorrha veranstaltet hatte.

Und wenn man bedenkt, dass unter den Opfern von 2005 sicherlich auch etliche gottesfürchtige Menschen waren, kommt man nicht umhin, Gott eine gewisse Radikalität zu unterstellen, deren konfessionsübergreifende Konsequenzen es eben am besten zu vermeiden gilt, wenn sicherheitshalber alle Menschen dazu gezwungen werden, nach den Vorstellungen heiliger Schriften zu leben. Und obwohl es überraschenderweise nicht einwandfrei zu beweisen ist, dass es sich bei Katrina tatsächlich um eine von Gott gesandte Katastrophe handelte, so gab doch zum Beispiel der oberösterreichische Pfarrer Dr. Gerhard Wagner, der später vom Papst zum Linzer Weihbischof berufen wurde, zum Thema heiliges Wetter zu bedenken, Katrina habe ja nicht nur alle Nachtclubs und Bordelle von New Orleans vernichtet, sondern auch ganz wunderbar alle fünf Abtreibungskliniken zerpflückt. Und weiter fragte der fromme Mann – bar jeglicher Befürchtung, dabei entdeckt zu werden, wie ungeniert er seine Dummheit vor sich herkarrt – in seinem Pfarrbrief:

«Wussten Sie, dass zwei Tage danach die Homo-Verbände im ‹Französischen Viertel› der Stadt eine Parade von 125.000 Homosexuellen geplant hatten? Das 34. Jubiläum unter dem Namen ‹Südliche Dekadenz› war lange vorbereitet, und Kommentatoren schrieben, dass in diesen Tagen New Orleans die Tore der Stadt weit öffnen sollte, um die Sünde zu zelebrieren.

(...) Wie erst so langsam bekannt wird, sind die amoralischen Zustände in dieser Stadt unbeschreiblich. Nicht irgendeine Stadt ist hier versunken, sondern eine Traumstadt des Volkes mit den ‹besten Bordellen und den schönsten Huren›.

Ist die auffallende Häufung von Naturkatastrophen nur eine Folge der Umweltverschmutzung durch den Menschen, oder doch mehr die Folge einer geistigen Umweltverschmutzung?»

Und da wohl nicht nur «Umweltverschmutzung» ein Fachgebiet Dr. Wagners ist – immerhin bemerkte er als einer der ersten, dass die Tsunami-Katastrophe 2004 in Thailand nicht zufällig zu Weihnachten aufgetreten sei –, sondern er sich auch in der Welt der Belletristik zu Hause fühlt, konnte er zuvor auch gleich noch junge Menschen vor der Lektüre der Harry Potter-Bücher warnen, hinter denen er getarnten «Satanismus» vermutete.

Wenn allerdings tatsächlich Gott seine meteorologischen Phänomene gerne zu Feiertagen verschleudert, dann sollte auch der Umkehrschluss gestattet sein, warum dann nicht etwa nach der Verhaftung des Meteorologen Kachelmann, der ja nun alles andere als ein gottgefälliges Leben führte, das Wetter nicht zumindest ein klein wenig schlechter wurde.

Eine ganz andere, wenn auch ebenfalls auf höhere Mächte vertrauende Meinung zum Hurrikan Katrina hatte seinerzeit übrigens der damalige Bürgermeister der Stadt New Orleans, Ray Nagin, parat. Der wiederum vermutete zwar auch Gott hinter der Katastrophe, doch weniger aus moralisch motivierten Säuberungsstrategien seine Stadt betreffend, sondern vielmehr aus außenpolitischem Kalkül mit einem Schwenk ins Soziale, denn Gott würde es, so Nagin, «nicht gutheißen, dass wir im Irak sind.» Außerdem sei Gott sicherlich über die bis zum Zeitpunkt des großen Unwetters dort lebenden Afroamerikaner verärgert, da diese sich weder genug um sich selbst noch um ihre Frauen und Kinder kümmern würden.

Ray Nagin, selbst schwarz, demonstrierte damit neben außenpolitischer Weitsicht auf sehr anschauliche Weise, dass Dummheit nicht nur länger hält als betonierte Freudenhäuser, sondern zudem auch farbenblind ist.

Inwieweit wir Sterblichen auch ohne gottgefälliges Leben das Wetter, oder besser dessen irdische Auswirkungen, beeinflussen können, verdeutlichen zeitgenössische Bemerkungen, die jene klerikal gepimpte Aufregung wiedergeben, die Benjamin

Franklin Mitte des 18. Jahrhunderts erfahren durfte, als er den Blitzableiter erfand. Allerdings schreibt man dieselbe Erfindung auch halbwegs zeitgleich dem tschechischen Geistlichen Prokop Divis zu, bei dem die Sache – ob seiner theologischen Tätigkeit – sogar noch einen Zacken brisanter wäre.

Doch egal ob Franklin oder Divis, die Erfindung des Blitzableiters stieß seinerzeit auf alles andere als ungeteilte Bewunderung. Vielmehr gab man sich sowohl in England als auch in den USA aufs Äußerste empört über den frevelhaften Versuch, den Willen Gottes zu besiegen. Denn wie nicht nur der Klerus, sondern auch das von ihm geimpfte Volk wusste, wurde der Blitzschlag seit Menschengedenken vom Herrn höchstpersönlich abgefeuert, um allzu sündiges Treiben und allerlei anderes gottloses Gewurstel, im wahrsten Sinne des Wortes, blitzsauber abzustrafen. In diesem Zusammenhang drängt sich natürlich die Frage auf, ob sich beispielsweise die buchstabengläubigen evangelikalen Christen, die immerhin an die wortwörtliche Wahrheit der Bibel glauben, auch heute noch künstlichen Blitzableitern verweigern und ihr diesbezügliches Schicksal lieber gottesfürchtig in die nach Gutdünken absolvierten meteorologischen Fingerübungen des Schöpfers legen.

Was aber schert uns das ferne Amerika? Wie sieht es eigentlich mit dem christlichen oder anderweitig gelagerten Fundamentalismus in Deutschland aus?

Wenn man ihn so definiert, dass er aus dem Brustton archaischster Überzeugung gegen die Moderne – im religiösen Kontext also gegen jeden aufklärerischen und damit gleichsam hochmodernen Firlefanz seit dem 18. Jahrhundert – röhrt und überholte Ideologien mit allen Mitteln durchzusetzen sucht, dann ist der Weg (neben der freien Zufahrt zu diversen anderen von allen guten Geistern verlassenen Vereinigungen) zu den Grundfesten der CSU nur ein kurzer.

Doch die hat sich vor einiger Zeit ja auch ein wenig von ihren seit Jahrtausenden solide zementierten Überzeugungen verabschiedet und sich im Zuge einer gewissen, selbstverständlich ausschließlich einem Akt tiefster Lernfähigkeit, denn politisch kalkuliertem Opportunismus zu schuldenden Häutung zu der führenden deutschen Anti-Atomkraftpartei gemausert und sich damit nicht nur selber goldgelb an ihr ureigenes Fundament gepinkelt, sondern vielmehr auch bewiesen, dass es wohl tatsächlich (wie in der Schöpfungsgeschichte behauptet) sprechende Schlangen gibt. Aber kann man die CSU, oder zumindest Teile von ihr, aufgrund ihres scheinheilig gesalbten und christlich durchzogenen Geheuchels ruhigen Gewissens – und ohne juristische Folgen befürchten zu müssen – als fundamentalistisch bezeichnen?

Eine sehr schöne Meinung zum Thema christlicher Fundamentalismus in der Union sowie eigentlich zu allem hat der ehemalige CSU-Generalsekretär und vormalige süddeutsche Staatsminister für Wissenschaft und Kultur, Thomas Goppel, der nicht nur Mitglied (und zum Zeitpunkt der Niederschrift sogar Sprecher) der ChristSozialen Katholiken CSK innerhalb der CSU ist, sondern auch allgemein ganz gerne mal mit der in diesem speziellen Fall nicht einmal auf Halbmast gesetzten Flagge der vermeintlich christlichen Nächstenliebe wedelt. Meldete er sich doch nach dem an Einzelwahnsinn nahezu beschreibungsresistenten Massaker des norwegischen Massenmörders Breivik, in dessen Verlauf im August 2011 aufgrund wirrster ideologischer Verdrahtungen siebenundsiebzig

Menschen niedergemetzelt wurden, gewohnt grotesk zu Wort und vermeldete, nachdem man Breivik kurzzeitig religiöse Motive unterstellt hatte, dass es christliche Fundamentalisten, zu denen man den irren Norweger vorübergehend zählte, per se ja gar nicht geben könne. Denn, so Goppel sinngemäß, das allerhöchste Gut der Christenheit sei nun mal die Nächstenliebe. Massenmord passe dementsprechend gar nicht ins Konzept der frohen Botschaft:

«Fundamentalistische Christen gibt es nicht, kann es nicht geben. Zu einer solchen Schlussfolgerung kann jemand nur kommen, wenn er ein völlig falsches Bild vom christlichen Glauben hat.»

Weit gefehlt, Herr Goppel, zu einer solchen Schlussfolgerung kann nur jemand kommen, der – leider Gottes – ein völlig richtiges Bild von den Methoden der über Jahrhunderte bewährten Umsetzung des christlichen Glaubens hat. Oder wie sonst würde sich ein auch heute noch aktueller Konflikt wie etwa die regelmäßigen Schlachten zwischen Katholiken und Protestanten in Nordirland oder das nur siebzig Jahre zurückliegende und eine Dreiviertelmillion Opfer fordernde, von der Kirche und ihrem damaligen Papst Pius XII. geduldete Gemetzel kroatischer Katholiken an orthodoxen Serben auf dem Balkan erklären?

Nun liegt hier nichts ferner, als Breiviks wahnsinnigem Massenmord irgendwelche christlich motivierten Gründe zu unterstellen, sein Wahn ist wohl allein seiner eigenen kranken Psyche zu schulden und dementsprechend die Tat eines einzelnen Verrückten. Dass er sich selbst auf einer Art Kreuzzug sah und ihm dementsprechend auch einige nicht minder wirre historische Inspirationsquellen zur Verfügung standen, dürfte allerdings halbwegs der traurigen Wahrheit entsprechen. Mit siebenundsiebzig Toten hätte sich das Christentum im Laufe seiner Geschichte jedoch ohnehin bei Weitem nicht zufriedengegeben, denn wie weit es mit der von Herrn Goppel so salbungsvoll propagierten christlichen Nächstenliebe in der von Karlheinz Deschner ausgesprochen treffend analysierten *Kriminalgeschichte des Christentums* her ist, wurde bereits an anderer Stelle angemerkt.

«Seit Konstantin (Flavius Valerius Constantinus, römischer Kaiser in der ersten Hälfte des ersten Jahrhunderts, Anm. d. A.) wurden Heuchelei und Gewalt die Kennzeichen der Kirchengeschichte, wurde Massenmord zur Praxis einer Religion. Einen zu töten war strikt verboten, Tausende umzubringen ein gottgefälliges Werk.»

Eine historische Tatsache, die auch Herr Goppel während des Hantierens mit der Nächstenliebefahne nicht bestreiten kann, so er sich denn einen unvoreingenommenen Blick in die Geschichte seiner Kirche gönnen würde. Und selbst wenn man den Blick in der Gegenwart kleben lässt und nur einmal auf die Webseite der ChristSozialen Katholiken richtet, offenbart sich dort schon recht deutlich, wes Geistes Kind da in den religiös vergifteten Brunnen geschubst wird. Beim Internetauftritt der CSK befürwortet Thomas Goppel, vielleicht auch nur, um ganz sicher zu gehen, dass seine Mitgläubigen auch tatsächlich etwas mit den Begrifflichkeiten anfangen können, zwar eine quasi doppeltgemoppelte «konfessionsübergreifende Ökumene», erklärt aber auch, dass sich die ChristSozialen Katholiken «für den Bezug auf Gott in Gesetz, Schule und Familie» einsetzen.

Soll hier etwa die in der deutschen Verfassung verankerte Trennung von Staat und Kirche sowie von Religion und Politik durch die bayerische Hintertür aus den Angeln gehoben werden? Droht ein weiß-blauer christlicher Gottesstaat? Gar unter Führung Sankt Goppels, der immerhin ein Cousin des (wiederum zum Zeitpunkt der Niederschrift) amtierenden katholischen Bischofs von Augsburg, Konrad Zdarsa ist und damit schon mal gute Voraussetzungen für den im Falle eines Falles dann sicherlich einzurichtenden Posten des göttlich-bayerischen Oberbefehlshabers mitbringen würde.

Die Gerüchte, dass das Leben von Zdarsas Augsburger Vorgänger, des rabiaten Prügelbischofs Walter Mixa, unter dem Titel *Zwei Fäuste für ein Halleluja* verfilmt werden soll, würden sich dann aber wohl spätestens mit Goppels Amtsantritt, ganz nach Mixa-Manier, wieder zerschlagen. Und dass es die geistige und politische Führung der Bayern überdies mit ihren vermeintlich christlich manifestierten Werten auch im trauten Kreise der Familie zuweilen nicht ganz so genau nimmt, zeigen auch die diversen außerehelichen Zweitfamilien hochrangiger CSU-Männer. In diesem Zusammenhang mag man lieber gar nicht wissen, wer bei besagten Herren noch so alles im Keller wohnt, immerhin ist Österreich ja direkt nebenan.

Doch mit diesseitigen Repressalien muss man ohnehin nur selten rechnen, gilt es doch im Jenseits höhere Werte zu verteidigen.

Ein wirklich finsteres theologisch-juristisches Himmelfahrtskommando, das selbst in der nach oben (sprich gen Himmel) offenen Weltfremdheitsskala der katholischen Kirche eine besonders widerwärtige Spitzenposition in Sachen angeblicher Nächstenliebe einnehmen dürfte, glückte vor wenigen Jahren einem ihrer südamerikanischen Gauleiter. Folgendes trug sich zu: Es begab sich aber zu der Zeit, dass im Jahre des Herrn 2009 im fernen Brasilien ein Mann seine minderjährige Stieftochter vergewaltigte und dabei schwängerte.

So weit das Vorspiel, dessen gleichgeschlechtliche Umsetzung auch der hiesigen katholischen Kirche nicht gänzlich unbekannt sein dürfte – wenn auch mit der naturgemäß prozentual bedingten Risikobeschränkung einer drohenden Schwangerschaft, da sich das Ministrantenwesen noch immer vorwiegend aus Knaben rekrutiert.

Das Mädchen hätte Zwillinge ausgetragen, doch die Schwangerschaft musste leider aus profanen medizinischen Gründen abgebrochen werden. Die strunz-katholische Internetseite kreuz.net, die sich selbst als «katholische Nachrichten»-Seite brandmarkt, entblödete sich nicht, am 5. März 2009 unter der Überschrift «Die ganze Bande ist exkommuniziert» Folgendes zum Thema zu erbrechen:

*«Gestern wurden die Zwillinge (...) brutal und gnadenlos abgetrieben. (...) In Brasilien wird die Kinderschlachtung grundsätzlich als Verbrechen bestraft, schutzlos sind nur ungeborene Kinder, die aus einer Vergewaltigung hervorgegangen sind. Auch eine – heute praktisch nie mehr vorkommende – ‹Gefährdung des Lebens der Mutter› kann als Abtreibungsgrund gelten. Die (...) Mutter erfülle beide Voraussetzungen, **behaupten** brasilianische Kinderschlächter.*

(...) Der Erzbischof von Olinda e Recife im Osten Brasiliens, Mons. José Cardoso Sobrinho (75) (...) betonte, dass alle am Kindermord mitschuldigen Personen exkommuniziert sind. (...) Wenn sie rechtzeitig bereuten und um Vergebung bäten, würden sie aber nicht automatisch zur Hölle fahren.»

Dann ist ja vor allem das kleine, sündige Vergewaltigungsopfer noch mal mit einem blauen Auge davongekommen, da es letzten Endes, entgegen Cardosos Aussage, wohl doch nicht exkommuniziert wurde. Ein Schicksal, das jedoch der Mutter des Opfers und den behandelnden Ärzten, sofern sie nicht bereuen, – mitsamt der kostenfreien Höllenfahrt – anstandslos blühen dürfte. Dem Vergewaltiger selber wurden keine jenseitigen Konsequenzen angedroht, da er sich lediglich diesseitig strafbar gemacht habe. Was die nicht vollzogene Exkommunikation der minderjährigen Zwillingsmutter angeht, so hat sie diese beruhigende Fügung einzig und allein dem günstigen Umstand zu verdanken, dass man in der katholischen Kirche erst mit Eintritt in die Volljährigkeit exkommuniziert werden kann, die junge Dame aber zum Zeitpunkt ihrer Sünde glücklicherweise erst **neun Jahre alt** war!!

Was läuft da falsch in den wirren Köpfen von Leuten, die auch heute noch die kranken Regeln eines antiken und so offensichtlich aus allerlei frühzeitlichen Hirngespinsten zusammengewürfelten Buches nicht nur für bare Münze nehmen, sondern auch noch vorsätzlich nach ihnen handeln?

Man möchte sich bei so manchen Gläubigen einfach nicht des Eindrucks erwehren, dass sie tief in ihrem Inneren zumindest hauchdünn ahnen, was das in Wirklichkeit doch alles für ein unsagbarer Blödsinn ist, den sie da glauben, sich aber aufgrund jahrzehntelanger persönlicher Sozialisation und christlich eingehämmerter Indoktrination gegenüber dem inneren Wimmern ihres gesunden Menschenverstandes aus Angst – und im Glauben, dass auch das kleinste Infragestellen Gottes eine Sünde ist, die mit Höllenqualen nicht unter einer Ewigkeit bestraft wird – taub stellen. Oder wie sonst, wenn nicht aus fundamentalistischen Wahnvorstellungen heraus, könnte man sich eine Nachricht des Kalibers «Während in Hamburg ein Mann fotografiert wird, der eine Frau umgebracht hat, wird in Teheran ein Mann umgebracht, weil er eine Frau fotografiert hat» erklären?

Wie kann man an biblische Theorien glauben, die noch nie auch nur im Ansatz vom Leben bestätigt wurden? So will uns allen Ernstes der Bibelspruch Matthäus 19, 30 weismachen «Die Letzten werden die Ersten sein», wo wir doch ganz genau wissen, dass der vormals Tabellenletzte der Fußballbundesliga am Ende niemals deutscher Meister werden wird. Ohne größere geistige Umwege bestens zu beweisen – und bereits mit bloßem Auge zu erkennen –, ist hingegen die, wenn auch inhaltlich in eine andere Richtung gehende, so doch immerhin phonetisch verwandte These:

Die Fett'sten werden die Schwersten sein.

8

Fegefeuerfernsehen

Mit Jürgen Fliege und Winnetou im Jesus Camp. Die finstere Fernsehbotschaft bibelverbrämter Bildschirmgesichter. Mediales Buß- und Betgegrinse als devoter Glaubenseinlauf. Warum Gandhi, Prof. Brinkmann, Roy Black und Flipper gegen Das Wort zum Sonntag *wie eine schmierige Bande korrupter Gebrauchtwagenhändler wirken.*

Seit sich der Mensch die Götter nach seinem Ebenbild ersonnen hat, gibt es Scharlatane, die sich nicht nur an bereits vorhandenen metaphysischen Verwirrungen bereichern, sondern das Ausmaß besagter Verwirrung auch gerne noch durch neu hinzugezogene Wahnvorstellungen weiter vorantreiben. Denn fernab der imaginären Hölle dogmatischer Glaubensauslegungen gibt es ja – entgegen der in heiligen Büchern prophezeiten Endlösung – eine durchaus reale Hölle samt derer leider ebenso realen Vertretern zu begucken.

Das große Glaubwürdigkeitsdefizit des schriftlich propagierten Fegefeuers liegt vor allem im Zeitpunkt der Bestrafung, da die höllischen Flammen den nur wenig gottgefällig lebenden Menschen bekanntlich erst nach dessen Ableben ordnungsgemäß umlodern. Um wie vieles bequemer ist es da, sich beispielsweise schon zu Lebzeiten auf dem heimischen Sofa durch religiös motiviertes Propagandafernsehen wenigstens virtuell abfackeln zu lassen.

Einer der ganz großen Blender seiner Zunft ist nach wie vor, wenn es in letzter Zeit auch leider etwas ruhiger um ihn geworden ist, der menschgewordene Klingelbeutel, der sich selbst so schamlos wie kaum ein anderer vermarktende, vormalige evangelische Fernsehpfarrer Jürgen Fliege, dessen einzige Leistung seit seinem ersten medialen Erscheinen darin besteht, jedes noch so niedrig angesetzte Niveau immer wieder aufs Neue mühelos zu unterwandern. Doch leider kann man Fliege trotz seines konsequent geheuchelten Treibens nicht als lupenreinen TV-Geistlichen bezeichnen, bot er doch in seiner nach ihm benannten ARD-Nachmittagstalkshow von 1994 bis 2005 neben allerlei inflationärer Selbstbeklatschung auch immer wieder dem närrischsten esoterischen Geschäftsklamauk eine kostenlose Werbeplattform vor einem Millionenpublikum, das sich – erfreulich lukrativ – vornehmlich aus solventen Alten und Kranken rekrutierte.

Erstaunlich genug, dass Fliege nach kleinerer Boulevardabstinenz erst wieder 2011 durch die Presse salbaderte, als er für die sogenannte «Fliege-Essenz» und damit gleichsam einmal mehr für sich selbst warb. Bei dem Wässerchen handelt es sich um eine völlig nutzlose, wenn wohl auch immerhin nicht gesundheitsschädliche Flüssigkeit, die angeblich aus Früchten, Gemüse und Nüssen gewonnen wird und nur deshalb 39,95 Euro pro 95-ml-Flasche (hochgerechnet schlappe 420 Euro pro Liter) kostet, weil Jürgen Fliege den mutmaßlichen Zaubertrank zuvor durch Gebete gesegnet hat. Daher sei die Essenz, laut Fliege-Webseite, auch ein «idealer Träger für Informationen» und enthalte dergestalt «spirituelle Informationen vereint mit lebendigen biologischen Trägern». Ob sich zu den transzendentalen Auskünften eventuell auch reale Informationen wie etwa die Kontonummer von Herrn Fliege gesellen, ließ der Webseitentext leider offen.

Unbeirrt erklärte der Segner Fliege noch im August 2011 auf seiner Webseite die Wunderwirkung seiner Brühe recht einleuchtend in gewohnt bescheidener Manier:

«Ich habe über sie gebetet wie über Weihwasser. Ich habe immer wieder meine Hände aufgelegt, um den Trost und die Kraft in die Essenz zu senden.»

Nachdem in einer Fernsehsendung, bei der Fliege zu Gast war, das kollektive Kopfschütteln bezüglich seines Zaubertrankes bedrohlich überhand nahm, wurde der Vertrieb der Essenz (zumindest über die Internetseite des durch Beten die Fläschchen frisierenden Herrn Fliege) dann seltsamerweise wieder eingestellt. Durch solche und ähnliche Aktionen landete Flieges Name dann auch vollkommen zu Recht im *Schwarzbuch Esoterik* der Sekten-Beauftragten Ursula Caberta, die dem ehemaligen TV-Pastor dort unter anderem vorwirft, seine Prominenz auszunutzen, um auf diese Weise «Esoterik-Scharlatanen scheinbare Seriosität zu verleihen».

Dabei fing mit Fliege doch alles so harmlos versponnen an und man dachte bei seinen Talkshows einfach immer wieder leichten Glaubens: «Jesus, der Jürgen, der will halt den Menschen helfen.» Und was ist nicht alles geschrieben und berichtet worden über die klerikale Gutmenschhülse Jürgen Fliege, die über so viele Jahre hinweg Normalsterblichen mehrfach wöchentlich mediale Audienz gewährte. Dabei outete sich der vermeintlich fromme Mann von Anfang an sehr souverän als eitler Selbstbeweihräucherer und Schwätzer, was ihm allerdings moralisch wohl nicht sonderlich zu schaffen machte, mutierte er doch ohne größere Umwege binnen kürzester Zeit zur multimedialen Geldscheffelmaschine.

Mit allem Menschlichen auf du und du kokettierte er in seinen Sendungen immer wieder in einer Spannweite von distanzlos bis aufdringlich mit seinen publikumswirksam ausgeplauderten Schwächen wie Legasthenie, libidogestählten Totenbettgeständnissen und ähnlichem Kram, der ihn für seine Anhänger – und das war der Sinn der Sache – freilich gleich noch einen Tick weltlicher und vertrauenswürdiger erstrahlen ließ. Doch spätestens wenn Fliege seinen Gästen vorgaukelte, sich tatsächlich für deren Nichtigkeiten zu interessieren, er sein Köpfchen vergeistigt in den Nacken kippte und in dieser Demutshaltung verharrend und wie von oben Beistand fordernd den Blick gen Studiohimmel schraubte, spätestens dann konnte man ganz wunderbar erkennen, wie er verzweifelt seinen Schädel nach wenigstens einem einzigen vernünftigen Gedanken durchforstete, obwohl er doch selbst am besten wusste, dass es da so gar nichts abzustauben gab.

Manchmal hockte er sich bei jüngeren Gästen gar zu deren Füßen auf das zu den Gästesesseln führende Treppchen, um den «Kids» zu zeigen, was er letzten Endes – trotz seines seicht dahinfrömmelnden Geschäftsgebarens und der Dauerwerbesendung in eigener Sache – doch für ein dufter Typ sei. Wie sehr Fliege aber bereits damals in, wenn nicht über seiner eigenen Welt schwebte, zeigte unter anderem das Abschiedsgeschenk, das er in einer seiner Sendungen dem kleinen Sohn eines komplett autark lebenden Aussteigerpärchens überreichte, das sich (von den beiden sehr eindringlich geschildert) einem

Leben in der Natur abseits des kommerziellen, wirtschaftlichen Würgegriffs verschrieben und ebenso konsequent wie bewusst von jeglichen moderneren Kommunikationsmedien samt dazugehöriger Mechanismen verabschiedet hatte – und dementsprechend Pfarrer Fliege bis dato wahrscheinlich auch allerhöchstens vom Hörensagen kannte. Bar jedweden Einfühlungsvermögens und nicht zuletzt Respekts gegenüber des zweifellos recht eigenwilligen Lebensentwurfs des Paares begrüßte Fliege deren kleinen Sohn am Ende der Sendung wieder zurück in der Leistungsgesellschaft, und zwar mithilfe des Modells eines Formel-1-Boliden von Michael Schumacher, fernab jeglicher Jutekarren, mit denen, wie Fliege sich scheinbar dachte, die arme kleine Sau wohl sonst abgasfrei zu spielen hatte. Auf eine nachträgliche detaillierte Blickbeschreibung der komplett von Naturwolle umwickelten, Sandalen tragenden Eltern sei hier bewusst verzichtet.

Dennoch ist es immer wieder ganz besonders schön zu sehen, wenn sich unsere bigotten Fernsehlieblinge aufgrund offensichtlichster Unzulänglichkeiten eigenhändig wieder auf Normalgröße knüppeln. Eine Übung, die gerade den vornehmlich frömmsten aller Nasen ganz besonders gut zu Gesicht steht.

Ein diesbezüglich leider nur wenig unterhaltsames, weil kaum auszuhaltendes Paradebeispiel offenbart der 2007 für den Academy Award, sprich Oscar für die beste Dokumentation, nominierte Film *Jesus Camp*, in dem sich evangelikale Scharlatane so unfassbar fanatisch präsentieren, dass man schon nach wenigen Minuten der Meinung ist, man hätte es mit einer zeitversetzten Live-Übertragung aus dem Mittelalter zu tun. Der Film beschreibt die von der Pastorin Becky Fischer – bezeichnenderweise in einem Örtchen namens Devil's Lake im Rahmen eines unter dem Motto «Kids on fire» stehenden evangelikalen Sommercamps – durchgeführten christlichen Gehirnwäschen, in deren mehrtägigem Verlauf die martialisch frohlockende Demagogin versucht, uniform johlende und ekstatisch in einer gruseligen Massentrance weinende und kreischende Kinder zu einer «army of god» auszubilden.

Wähnt man sich auf den ersten Blick noch in der bösen Parodie auf eine von gepimpten Erlöserbotschaften verdummten amerikanischen Randgruppe, bleibt einem das Lachen leider nur allzu schnell im Halse stecken, denn es handelt sich tatsächlich um eine weitverbreitete amerikanische Wirklichkeit. *Jesus Camp* verzichtet glücklicherweise auf jeglichen Off-Kommentar, so dass die Protagonisten einzig für sich selber sprechen und sich dementsprechend in einer Weise entlarven, gegen die sich selbst andere fundamentalistische, christliche Wahnvorstellungen wie ein harmloser Kindergeburtstag ausnehmen. Und wenn man sieht, wie die fünf- bis zwölfjährigen Teilnehmer wieder und wieder in geradezu orgiastischer Ekstase unter der unermüdlich eingetrichterten Mixtur aus Last und Erlösung, die auserwählte Generation zu sein, weinend zusammenbrechen, zwischendurch einer Pappfigur des ehemaligen US-Präsidenten George W. Bush huldigen, ihn nahezu mit anbeten und immer wieder von der Erweckungspredigerin Becky Fischer und ihren Helfershelfern schreiend aufgefordert werden, sich von ihren Sünden (bei denen speziell Fünfjährige ja aus einem ordentlichen Fundus schöpfen können) zu reinigen, dann kann einem schon wirklich angst und bange werden.

Spätestens bei solchen Szenen, die man eher in einem Hollywoodfilm über Terrorausbildungscamps am Hindukusch vermuten würde (in deren Praxis mit einer Pappfigur des US-Präsidenten sicherlich anders verfahren würde), muss man sich fragen, in welche Schublade denn eigentlich die Eltern dieser Kinder gehören, um ihre Sprösslinge in einer Weise misshandeln zu lassen, gegen die sich George Orwells Indoktrinationsklassiker *1984* wie die weichgezeichnete Version von *Pu, der Bär* ausnimmt.

Die Zeitung *Die Welt* ahnt in ihrer Ausgabe vom 6. 10. 2006 die Auflösung der Elternfrage im *Jesus Camp*:

«‹Steht auf!›, schreien die kleinen Jungs in den Tarnfarbenuniformen, die in Tanzformation dreizackartige Waffen wirbeln. ‹Folgt der Prophezeiung!›, singen sie und schleudern glühende Blicke gegen ihre Eltern im Publikum, denen vor Stolz die Augen feucht werden.»

Die Antwort gibt sich also nur wenig geheimnisvoll, sondern lässt sich vielmehr recht solide und kompakt zusammenfassen: Es sind schlichtweg Arschlöcher.

Zu *Jesus Camp* bleibt noch die Randnotiz, dass der ebenfalls im Film auftretende und von den anderen Protagonisten ob seiner untadeligen Tugendhaftigkeit gepriesene und quasi gottgleich verehrte Evangelikalenführer Ted Haggard, eine fundamentalistische Galionsfigur der wörtlichen Bibelauslegung und Verfechter ihrer moralischen Überlegenheit, ein «politischer» Berater George Bushs und damit einer der einflussreichsten evangelikalen Christen der USA, kurz nach Erscheinen der Dokumentation wegen einer langjährigen Affäre mit einem Callboy zurücktreten musste. Dennoch vertritt Haggard natürlich auch weiterhin in der Öffentlichkeit die Auffassung, Homosexualität sei Sünde: «Wir müssen nicht darüber diskutieren, was wir von homosexuellen Aktivitäten halten, es steht in der Bibel geschrieben.» Allerdings hat sich Haggard nach seinem Rücktritt umgehend in eine christliche

«Ex-Gay-Therapie» begeben und die dreiwöchige Behandlung mit der festen Überzeugung verlassen, jetzt geheilt und damit gleichsam wieder heterosexuell zu sein.

Das eigentlich Komische an religiösen Fanatikern – so wenig sie einen auch zu herzhaftem Lachen animieren – liegt ohnehin in deren seit Jahrhunderten praktiziertem Sakrileg, immer wieder auf ganzer Linie so grandios an den todernst gemeinten Regeln eines nur in ihrer eigenen Fantasie existierenden Gottes zu scheitern. Je höher die sich selbst attestierte moralische Überlegenheit des Gläubigen, desto schadenfreudiger begutachtet der neutrale Beobachter das Scheitern an dessen scheinheiligen Ansprüchen. Zumindest dann, wenn kein Unbeteiligter (oder wie im Falle von Ted Haggard zumindest kein Unbezahlter) dabei zu Schaden kommt – aber eben leider ganz im Gegensatz zu den armen Kinderseelen, die Becky Fischer in ihrem ideologischen «Kids on fire»-Internierungslager zu hörigen Dienern ihrer christlich-militanten Idiotie verteufelt.

Dabei kann doch sogar amerikanisches Fernsehen im Namen des Vaters so wunderschön und ehrlich sein. Dazu bedarf es lediglich eines winzigen Blickes auf eine, ja vielleicht sogar die ultimative und US-amerikanischste TV-Serie überhaupt, die im Jahr 1987 erstmals auch auf bundesdeutschen Bildschirmen erschien: *Ein Engel auf Erden* mit dem vormaligen Ponderosa-Erben Michael Landon – dem nach seinen gefährlichen Jahren als Sohn auf der großen Ranch noch harmonische Zeiten als Vater auf einer kleinen Farm vergönnt waren – als wahrhaftigem Engel Jonathan Smith und seinem irdischen Gehilfen Victor French alias Mark Gordon. Die Serie galt seinerzeit nicht nur in ihrem Ursprungsland, sondern auch in Deutschland als absoluter Quotenbringer, der innerhalb von jeweils fünfundvierzigminütigen Episoden die Welt wieder ein wenig christlicher deckelte und damit versuchte, so gut es eben ging, den moralischen Sachschaden, den nur wenige Jahre zuvor Starsky & Hutch, Paulchen Panther und Colt Seavers wöchentlich in einer ähnlichen Zeitspanne zu verantworten hatten, wieder einigermaßen zu beheben. Für all jene, die sich nicht mehr so recht erinnern können oder wollen, um was es beim göttlichen Geraderücken ging:

Der Engel Jonathan wird auf die Erde gesandt, um den amerikanischen Menschen Gutes zu tun und zwischenmenschliches Friedensgut zu säen. Unterstützend zur Seite steht ihm dabei der grummelige Kappenträger Mark, eine etwas schlichte, dafür allerdings umso gutkernigere Seele von Mensch, die bisweilen unter Jonathans verständnisvoll duldendem Blick auch mal an einem Bierchen nippen darf, sich aber ansonsten hauptsächlich darauf beschränkt, die Zeit bis zur nächsten Mahlzeit möglichst kurzweilig zu gestalten. Jonathan und Mark ziehen also lässig durch vornehmlich ländliche Gebiete und öffnen pro Folge einem bis mehreren Menschen die Augen in Sachen allgemein-harmonischen und gottgefälligen Miteinanders.

Nur selten touchieren die einzelnen Episoden jedoch Kitschiges, sondern es gilt vielmehr blinden Waisenkindern, querschnittsgelähmten Stehkaffee-Betreibern, verarmten einarmigen Busfahrern oder anderen unschuldig in Not Geratenen durch allerlei aufmunternden Zuspruch oder den einen oder anderen himmlischen Trick wieder zum großen Glück im Kleinen zu verhelfen. Und wenn am jeweiligen Folgen-Ende alles wieder gut gegangen ist, Jonathan dankbar gen Himmel zu seinem «Boss» schaut und Mark etwas in Richtung «Jetzt aber erst mal ein ordentliches Steak» brummt, dann wurden die ideologischen Terrorzellen des amerikanischen way of life einmal mehr innerhalb von nur fünfundvierzig Minuten blitzeblank herausgeputzt.

Doch auch im deutschen Fernsehen muss man bezüglich frommer Inhalte nicht zwingend auf US-Importe zurückgreifen, gilt doch beispielsweise *Das Wort zum Sonntag* noch immer als Klassiker des klerikalen Versuchs, am Samstag Abend junge Menschen von den sündigen Versuchungen der Diskotheken fernzuhalten und den Daheimgebliebenen Trost zu spenden. Seit sage und schreibe 1954 flimmert *Das Wort zum Sonntag* nun schon in der ARD über unsere Bildschirme, anfangs noch zehn Minuten lang, inzwischen auf gefällige fünf Minuten zurechtgestutzt. In deren Verlauf äußern sich nach wie vor allsamstäglich bei Wind und Wetter Pfarrer, Priester oder sonstige Theologen zu christlichen Fragen, denen sie gern den fadenscheinigen Anstrich einer gewissen Aktualität verleihen.

An und für sich keine dumme Idee, einen Menschen nach den Tagesthemen über so lobenswerte Attribute wie Nächstenliebe, Toleranz und andere angenehme Dinge plaudern zu lassen. Wenn einem dabei nicht immer wieder der dauerhaft erigierte Belehrungszeigefinger so unangenehm ins Auge stechen würde, während man sich fragt, warum bei der im Grundgesetz verankerten Trennung von Staat und Kirche, inklusive Religionsfreiheit, nach fast sechzig Jahren eigentlich nicht auch mal ein Sprecher anderer Glaubensgemeinschaften oder gar ein Atheist oder Agnostiker nur für fünf Minuten das Wort zum Sonntag hat. Zu allem Überfluss kommt hinzu, dass der wöchentliche Humbug auch noch, weil es sich beim Veranstalter um einen öffentlich-rechtlichen Sender handelt, vom Steuer- respektive GEZ-Zahler finanziert wird.

Zugegeben, zwar mögen sich die Produktionskosten für den seit televisionären Urzeiten jeden Samstag von einem christlichen Funktionär abgehaltenen fünfminütigen Monolog in einem halbwegs überschaubaren Rahmen halten, doch wenn man bedenkt, dass sich auch die eingangs erwähnte Sendung *Fliege* aus diesem Topf speiste und der Zuschauer mit seinen Gebühren die Werbekosten für einen solchen großflächig organisierten Hokuspokus finanzierte, fragt man sich schon, was denn da sonst noch so alles für ein Schindluder mit öffentlichen Geldern getrieben wird.

Bereits der amerikanische Journalist und Literaturkritiker Henry Louis Mencken wusste in der ersten Hälfte des 20. Jahrhunderts – und lieferte damit quasi eine prämediale Analyse der *Wort zum Sonntag*-Voraussetzung:

«*Die Kirche ist ein Ort, an dem Menschen vom Himmel Wunderdinge erzählen, die niemals dort waren, und dies Menschen gegenüber, die nie dort eintreffen werden.*»

Und ob diese vermeintlichen Wunderdinge nun live vor Ort in der Kirche oder eben durch das Fernsehen verbreitet werden, gibt sich nicht sonderlich viel. Doch die TV-Variante birgt immerhin die hervorragende Erinnerungsoption, sich – gleichsam einer inneren Uhr wie einem inneren Trieb folgend – mittels eines kurzen Knopfdrucks auf der Fernbedienung lieber das erfahrungsgemäß zeitgleich gesendete *Aktuelle Sportstudio* anzuschauen.

Zumal man nicht umhinkommt zu bemerken, dass *Das Wort zum Sonntag* nicht gerade vom Charisma und Esprit der vortragenden Bedenkenträger lebt. Vielmehr wirkt es bei all der ungelenk optimistisch zur Schau gestellten, mutmaßlichen Ungezwungenheit immer ein wenig so, wie ein Teil der Sendung *Aktenzeichen XY... ungelöst*, in deren Verlauf ja auch immer wieder diverse Realkommissare einsatzbereit ins Bild humpeln, um in bester Grundschulmanier ihren jeweiligen Text (der rhetorisch stets etwas in Richtung «Mein schönstes Ferienerlebnis» strahlt) herunterzuleiern.

Andererseits ist es kaum zu bestreiten, dass es nur in wenigen Kindheiten eine Fernsehsendung gab, die durch gespielte Authentizität so zu fesseln wusste wie das nur dreizehn Jahre nach dem ersten *Wort zum Sonntag* von Eduard Zimmermann auf den Bildschirm gegaunerte Format *Aktenzeichen XY*, das man in seiner pseudodokumentarisch daherkommenden Laienausführung durchaus als legitimen Vorläufer von Horrorschockern wie etwa dem *Blair Witch Project* bezeichnen kann. Und was waren das noch für Zeiten, als Ganoven-Ede (wie er schnell im Volksmund hieß) zur medialen Hetzjagd blies und der ängstlich vor dem Bildschirm kauernden Nation immer wieder bierernst versicherte: «Dies ist kein Einzelfall.» Oder stoisch zu bedenken gab: «Was hier auffällt, ist die Kaltblütigkeit, mit der die Täter vorgegangen sind», während er versprach in der damals immer knapp zwei Stunden später folgenden «Spätsendung» noch einmal das Phantombild des nicht nur aufgrund seines Akzents osteuropäisch wirkenden Täters aus dem Fall des zerhackten Göttinger Juweliers einzublenden.

Die kurzen Spätsendungen, in denen im Idealfall erste Fahndungserfolge präsentiert werden sollten, schienen im Vergleich zur 20.15-Uhr-Hauptausgabe ohnehin das für den Zuschauer weit lohnendere, weil unterhaltsamere Format zu sein – denn wenn seinerzeit neugierig in die Aufnahmestudios nach Zürich und Wien, zu Konrad Tönz und Peter Nidetzky geschaltet wurde, war man nie so ganz sicher, ob es sich tatsächlich um eine neuerliche Live-Schaltung oder doch vielmehr lediglich um ein Standbild handelte, dauerte es doch oftmals bis zu zwanzig Sekunden, ehe der jeweilige Statthalter überhaupt registrierte, bereits im Bild zu sein und sich erstmals zu einer winzigen Bewegung hinreißen ließ.

Nun ist es natürlich mit dem Fernsehen immer so eine Sache, bei der es letztlich gar nicht so wahnsinnig wichtig ist, was einem da entgegenflimmert, sondern vielmehr wie man denn hineinschaut.

Das Wort zum Sonntag ist daher nach wie vor so etwas wie ein transzendental getünchtes *Aktenzeichen XY*. Reale Menschen reden dort von Sünden oder wahlweise Verbrechen, die mit dem eigenen Alltag glücklicherweise meist nichts zu tun haben. Man nimmt es zur Kenntnis, weiß aber doch relativ sicher, dass die Gefahr aufgrund fehlender blauer Schnüre auf den Quasten der Zipfel an den eigenen Gewändern in die Hölle zu kommen, wohl sogar noch weitaus geringer ist, als von zwei maskierten Männern mit osteuropäischem Akzent in einer Bielefelder Innenstadtapotheke um sein Erspartes betrogen zu werden.

Und auch die Tatsache, dass am 17. September 2011 gar der Papst – und zwar ohne dabei nur ein einziges Mal zu blinzeln – *Das Wort zum Sonntag* vom Teleprompter holperte, macht die Sache natürlich alles andere als seriöser und ist dementsprechend auch kein Einzelfall. Benedikt XVI. reiht sich damit ein in die öffentlich-rechtliche Phalanx all der anderen psychisch auffälligen TV-Prediger, wobei es dieses finalen Fernsehbeweises seines inquisitorischen Denkens nun wahrlich nicht bedurft hätte. Im Gegensatz dazu hätte man es natürlich beim öffentlich-rechtlichen Mitanbieter ZDF ordentlich krachen lassen können, hätte man da nicht fahrlässig versäumt, den leider viel zu früh verstorbenen Peter Falk als Inspektor Columbo wenigstens einmal in einer Aktenzeichen-Sendung auftreten zu lassen. Denn nicht umsonst gilt Peter Falk, im Gegensatz zum Papst, als rund um den Erdball gemeinhin anerkannte Persönlichkeit mit einem Maß an Glaubwürdigkeit und Sympathie, das in Deutschland ansonsten vielleicht gerade noch einem Indianerdarsteller mit französischen Akzent zuteil wird, der hierzulande wiederum – abermals im Gegensatz zum Papst – fast gottgleich verehrt wird.

Dass der senile Häuptlingsmime Pierre Brice jedoch seit Längerem ordentlich einen an der Waffel hat, dürfte spätestens seit seinem Auftauchen als Nachfolger Roy Blacks in der Serie *Ein Schloss am Wörthersee* hinlänglich bekannt sein. Zum Thema Roy Black sei an dieser Stelle nur angemerkt, wenn man denn mit bürgerlichem Namen schon Gerhard Höllerich heißt, der weitaus bessere Künstlername sicherlich Hardy Hell gewesen wäre. Nichtsdestotrotz lässt einen der Blick zurück in die Medienlandschaft der Sechziger Jahre durchaus nachvollziehen, warum Pierre Brice mittlerweile geistig ein wenig den Gesamtüberblick verloren hat, denn der Starkult, der seinerzeit um ihn und sein Alter Ego Winnetou gemacht wurde, war bis dato ebenso einzigartig, wie nachträglich verheerend.

Es war aber auch zu schön anzuschauen, wie er da mit seinem wildledernen Blutsbruder durch die kunterbunte Schwarz-Weiß-Welt der jugoslawischen Berge galoppierte, indianische Kalenderblattweisheiten verschleuderte und immer wieder die üblichen Verdächtigen in Gestalt von Eddi Arendt, dem späteren Terence Hill Mario Girotti und sogar Horst Schimanski vor Wegelagerern und anderen, verschwitzte dunkle Hüte tragenden Strolchen beschützte. Weniger schön war dann allerdings die Tatsache, dass Monsieur Brice später auch in zivil und ohne indianische Dienstkleidung der Meinung war, den weisen Häuptlingssohn geben zu müssen und die Öffentlichkeit mit allerlei plattem und mental-apatschigem Kchrieg-iss-nischt-güt-Gewäsch vollmachen zu müssen. Peinlichste Tralala-Botschaften, dargeboten in einer süßlich-schmierigen Melange aus mediterranem Altersstarrsinn und debilem Größenwahn, die einen im Nachhinein noch dankbar sein lässt, dass er nicht aufgrund seines vermeintlich besonders exklusiven französischen Drahtes zu Manitu eine geweihte Apatschen-Essenz, vielleicht mit Namen «l'eau d'apatche», auf den Markt brachte.

Und irgendwie ist man ebenfalls erleichtert, dass der bigotte Ted Haggard von den innigen Abenteuern der beiden Lederbrüder anscheinend keine Ahnung hatte, denn ob er dann seine Heilung zum wieder tipptop rückinstallierten Heterosexuellen in nur drei Wochen durchgezogen hätte, mag hier zumindest angezweifelt werden. Vielleicht wäre ein seinerseitiges Aufnahmeflehen wie in Friedrich Schillers *Die Bürgschaft* die Folge gewesen: «Ich sei, gewährt mir die Bitte, in eurem Bund der Dritte.»

Doch glücklicherweise kann man ruhigen Gewissens davon ausgehen, dass eine solche Maxime wohl niemals Herrn Haggards Ohr erreichte, und auch in Anbetracht dessen sonstiger Ansichten zu diesem und zu jenem, käme ihm ein revolutionärer Hallodri und Haudrauf wie Schiller mit Sicherheit um einiges zu modern daher.

Damit erst gar keine diesbezüglichen Missverständnisse aufkommen, ist es daher nicht umsonst gängige Praxis auch aktuelle Kulturausscheidungen zur besseren Orientierung etwaiger Zielgruppen in die unterschiedlichsten volkstümlichen Kategorien einzuteilen. Und die Spezifizierungen «fromm» und «direkt in die Hölle» werden in den entsprechenden Einordnungen zu Recht nur unter «ferner liefen» geführt. Vielmehr ist es mittlerweile üblich, künstlerisch beziehungsweise kommerziell ausgerichtete Formate, wie etwa Spielfilme, vorab durch ein erstes grobes Raster in sogenannte Frauen- und Männerfilme zu unterteilen, die sich folgendermaßen charakterisieren:

In einem typischen Frauenfilm hockt die Hauptfigur, oft Isabelle Huppert, mit angewinkelten Beinen und einer aus einem sehr langärmeligen Wollpullover beidhändig festgehaltenen Kaffeetasse aus Blech an einem kargen Küchentisch und antwortet auf die Frage ihrer ähnlich bekleideten und melancholisch aus dem Landhausfenster in den Nieselregen schauenden Freundin – «Was machst du in den Ferien?» – mit: «Ich weiß nicht, vielleicht fahre ich mit Jacques ans Meer.» Während hingegen in einem Männerfilm Bruce Willis, barfüßig und ins Unterhemd blutend, in öffentlichen Gebäuden jeden großkalibrig über den Haufen schießt, der sich bis drei nicht im Fahrstuhl versteckt hat.

Die Entscheidung, ob nun das Frauenfilmthema oder das Männerfilmthema das diabolischere ist, muss wohl jedem selbst überlassen sein und hängt sicherlich nicht zuletzt davon ab, ob Isabelle Huppert mit Jacques verheiratet ist und welcher Konfession die terroristischen Zielscheiben von Bruce Willis angehören.

Was den Teufel selbst angeht, so taucht er zwar regelmäßig im Fernsehen auf, wird dort aber meist sehr unrealistisch dargestellt. Insofern darf man umso gespannter sein auf die erste Doku-Soap über die in manchen Verwirrtenkreisen ja auch dem Beelzebub attestierte – und dem Christentum verwandte – familiäre Dreifaltigkeit in Form von Beelze-Vater, Beelze-Großmutter und Beelze-Bub, deren abgefilmter dekadenter Alltag demnächst unter dem Titel *Die Beelzes* bei einem Privatsender die nicht minder grausigen *Geissens* ersetzen soll. Daher ist es nicht auszuschließen, dass die Kirche schnellstmöglich nachlegen wird, wenn auch bereits heute die frohe Fernsehbotschaft bibelverbrämter Bildschirmgesichter, wie die der Wortführer zum Sonntag, nichts weiter ist als ein mit Buß- und Betgegrinse garnierter devoter Glaubenseinlauf, gegen dessen virtuell nachgewürzte Gutheit sogar altruistische Kanonen wie Gandhi, Prof. Brinkmann und Flipper wie eine schmierige Bande korrupter Gebrauchtwagenhändler wirken.

9

Sexsexsex – keine Nummer vor der Ehe

Die Rolle der Frau in den wüsten Wahnvorstellungen der Kirche. Brenzliges von der heiligen Inquisition und der modernen voyeuristischen Unsitte, das gottgewollte Ergebnis einer geschlechtlichen Vereinigung in sozialen Netzwerken vorzuführen. Klerikales Patriarchat, emotionale Erektionen und wie fest darf man beim Steinigen werfen?

Man stelle sich einmal vor, es gäbe keine Bibel und daher auch keine mit ihr verbundenen Regeln und frommen Verhaltensauffälligkeiten. Wann wäre der Mensch dann wohl von ganz allein auf die Idee gekommen, dass vorehelicher Geschlechtsverkehr Sünde ist, der einen im dümmsten Fall direkt zur Hölle fahren lässt?

Nun sollte man nicht außer acht lassen, dass – so es denn keine Bibel gäbe – auch kein Mensch je von den christlich definierten Drohgebärden der Begriffe Sünde oder Hölle gehört hätte, während man sich hingegen beim Ursprung der «Ehe» zumindest noch auf anderweitig entsprungene kulturelle Begebenheiten einigen könnte. Im Rahmen einer soziokulturellen Evolution hat sich im Laufe der Menschheitsgeschichte die Paarbindung anscheinend aus einer frühen, schamlos praktizierten Promiskuität über verschiedene Formen der Gruppenehe zur Polygamie und dann weiter zur Monogamie entwickelt, deren Chronologie hier allerdings keinerlei Wertigkeit unterworfen sein soll und zudem auch nicht für jeden gilt, wie ein Lothar Matthäus immer wieder medienwirksam im Zweiwochenrhythmus demonstriert.

Letztendlich galt der Sinn der Ehe zu Beginn wohl eher einer Art Bündnisverpflichtung zwischen den Clans und Sippen als einer romantisch motivierten Zweisamkeit mit Jägerzaun, VW-Kombi und einem gemeinsamen wochenendlichen Supermarktbesuch.

Doch woher kommt eigentlich die fromme Idee der vorehelichen sexuellen Enthaltsamkeit, die ja gerade katholische Geistliche in Anbetracht der Tatsache, dass es bis zur finalen metaphysischen Vereinigung mit Gott zu keinem wie auch immer gearteten sexuellen Kontakt kommen darf, gerne mal mit Ministranten und anderen Knaben überbrücken? Warum jedoch diesbezüglich der auf das Ministrantenbedenken «Ich bin doch erst dreizehn» von einem beruflich homophoben Mann in Frauenkleidern abwiegelnd vorgetragene priesterliche Konter «Ich bin nicht abergläubisch» gleich in doppelter Hinsicht falsch ist, liegt ja nicht nur in diesem Fall in der christlichen Natur der Sache. Doch zur allgemeinen theologischen Klärung ehelicher Fragen der unterschiedlichsten Couleur bedarf es vorab eines kleinen Ausflugs in die grundsätzliche Rolle der Frau in der Religion.

So steht in der Bibel (einen gewissen sexuellen männlichen Wandertrieb in Gang bringend) im 1. Buch Mose, nachdem der Herr, unser Gott, wie ja bereits bestens aufgeführt, Eva als Grundvoraussetzung jeglicher Eheprobleme aus der Rippe Adams schnitzte.

«Darum verlässt der Mann Vater und Mutter und bindet sich an seine Frau, und sie werden ein Fleisch.» (Gen 2,24)

Ob damit die sexuelle Verwirrung ihren unübersichtlichen Lauf nahm, bleibt natürlich reine Spekulation. Die Absurdität des filigranen Schnitzwerk Gottes zeigt jedoch paradoxerweise einmal mehr in einer brachialen Symbolik den kompletten Ausgangsirrsinn von Religion und stellt damit bereits in der Schöpfungsgeschichte die Biologie auf den Kopf: Die erste Frau wird durch den ersten Mann geboren – und in Ermangelung einer männlichen Vagina eben direkt aus dessen Rippen. Als die Nummer mit der Bewohnung und rechtmäßigen Benutzung des Paradieses dann aufgrund einer sprechenden Schlange und einer leicht beeinflussbaren Eva nicht ordnungsgemäß hingehauen hatte, erklärte der Schöpfer den Mann zum Beziehungsbestimmer, dem sich die Frau unterzuordnen hatte, während beide wiederum selbstverständlich ihm, Gott, zu gehorchen hatten. Die Hackordnung war unmissverständlich geklärt.

Doch da Gott, der alte Fuchs, beim Menschenerschaffen und damit gleichsam dem Erhalt der Herrenrasse dienend, seinen Modellen auch eine gewisse Triebhaftigkeit nicht vorenthalten durfte, aber durchaus legitime Bedenken hatte, dass da sicherlich nur allzu schnell recht willkürlich und wahllos durcheinandergeschnackselt würde, wenn sich denn nur die Gelegenheit dazu ergäbe, und sich einer der Partner etwa anderen Interessenten zuwenden würde (eine Übung, bei der im Falle von Adam und Eva sowohl Angebot als auch Nachfrage noch empirisch unbefleckt im Sande verebbten), ließ er später sicherheitshalber noch im Rahmen des Neuen Testaments durch Paulus' 1. Brief an die Korinther in Kapitel sieben «Verhalten in der Ehe» nachtragen:

«7,1 Es ist gut für einen Mann, keine Frau zu berühren.»

Eine Überlegung, die in ihrer Logik ein wenig an den großartigen Sketch *Die Führerscheinprüfung* von Jürgen von Manger, der unter dem Namen Adolf Tegtmeier nicht nur im Ruhrgebiet zu Weltruhm gelangte, erinnert, in dem Tegtmeier als Prüfling auf die Frage des Prüfers, was es denn bei einem Verkehrsunfall zu bedenken gäbe, erwidert, am besten bei einem Unfall sei es, bereits im Vorfeld gar keinen zu haben. Aber wenn es denn – und damit wieder zurück zu den Verkehrsunfällen des Korintherbriefes – schon sein müsse, gälte Folgendes:

«7,2 Aber um der Unzucht willen habe jeder seine eigene Frau, und jede habe ihre eigenen Mann. 7,3 Der Mann leiste der Frau die eheliche Pflicht, ebenso aber auch die Frau dem Mann. 7,4 Die Frau verfügt nicht über ihren eigenen Leib, sondern der Mann; ebenso aber verfügt auch der Mann nicht über seinen eigenen Leib, sondern die Frau.»

Bis hierhin schon um der Unzucht willen eigentumsrechtlich seltsam genug. Doch so richtig geheimnisvoll wird es erst jetzt:

«7,5 Entzieht euch einander nicht, es sei denn nach Übereinkunft eine Zeit lang, damit ihr euch dem Gebet widmet und dann wieder zusammen seid, damit der Satan euch nicht versuche, weil ihr euch nicht enthalten könnt.»

Eine Anleitung, deren finale Aufforderung sich grob, wenn auch monogam motiviert zusammenfassen lässt mit der recht griffigen Maxime: Wenn schon nicht ficken, dann vorsichtshalber beten beziehungsweise andersrum.

Aber warum «Übereinkunft»? Ist denn nicht nach Gottes Willen «*das Weib dem Manne Untertan*», wie es besagter Paulus von Tarsus, der ja nicht gerade als großer Frauenversteher in die Geschichte einging, in seinem Brief an die Epheser (5,22) geschrieben hat?

«Denn der Mann ist des Weibes Haupt, gleichwie auch Christus das Haupt ist der Gemeinde, und er ist seines Leibes Heiland.» (5, 23)

Allein das eine, nämlich die mutmaßlich gegenseitige Pflichterfüllung, die eine gewisse Sorgsamkeit des Gatten seiner Frau gegenüber beinhaltet, schließt ja das andere, deren blinden Gehorsam und eine konsequente Minderwertigkeit der Frau gegenüber ihrem Ehemann beziehungsweise generell jedem Mann gegenüber nicht aus. Erstaunlicherweise steht Paulus damit für einen anderen Umgang mit dem Weibe als sein Lehrmeister Jesus von Nazareth, der die Frauen von Anfang an in einer für damalige Zeiten – als in Rom neben den bis dato üblichen Truhen plötzlich Schränke als der letzte Schrei in Sachen neumodisches Mobiliar galten – durchaus etwas moderneren Rolle oder zumindest nicht direkt als soziale Randgruppe sah.

Doch auch heute steht die christliche Kirche ja noch fest verankert in der Tradition von Paulus, und auch die anderen beiden großen monotheistischen Offenbarungsreligionen haben sich in Frauenfragen über die Jahrhunderte hinweg alles andere als mit Ruhm bekleckert. So werden auch heute beispielsweise in islamistischen Staaten noch weiter fröhlich Frauen (allerdings bisweilen auch gerne mal ein Mann), die des Ehebruchs beschuldigt werden, nach den Regeln der Scharia, des religiös fundierten Rechtssystems des Islams, zu Tode gesteinigt. Wie genau das auszusehen hat, wusste der Azhar-Theologe al-Dschaziri (1882–1942), in seiner Funktion als parteiischer Beobachter anscheinend einer der Namensinspiranten eines späteren arabischen Nachrichtensenders, sehr blumig zu umschreiben:

«*Die Steinigung erfolgt mit mittelgroßen Steinen, weder mit leichten Kieseln – die Qual würde zu lange dauern – ...*»,

denn Allah ist scheinbar gnädig,

«*... noch mit Felsbrocken – die durch die «Grenz»-Strafe beabsichtigte Peinigung würde verfehlt –, sondern mit Steinen, die die hohle Hand ausfüllen; man nehme sich davor in acht, das Gesicht (des Schuldigen) zu treffen, weil der Prophet dies (einem Hadith zufolge) verboten hat ... Der Ehebrecher ist während des Vollzugs der «Grenz»-Strafe nicht anzubinden oder zu fesseln; auch ist für ihn keine Grube auszuheben. Für die Ehebrecherin kann eine ihr bis zur Brust reichende Grube ausgehoben werden. Während des Vollzugs darf ihre Schamgegend nicht entblößt werden ...*»,

denn Allah ist beim Hinrichten scheinbar schüchtern,

«*Deshalb sind die Kleider an ihr festzuschnüren, so dass ihr Leib nicht sichtbar wird.*»

Und auch die traditionelle Rolle der Frau im Judentum entspringt den Grundlagen einer patriarchalischen Kultur aus antiken Zeiten, in denen die Frau als Eigentum des Mannes angesehen wurde, deren Pflicht es war, Kinder zu gebären und ihrem Besitzer wohnlich beizustehen. Da schmeichelt es auf christliche Werte geeichten Augen nur wenig, wenn jüdische Traditionalisten zur Wiederherstellung des häuslichen Gleichgewichts immer wieder gerne von einer nur «*scheinbaren* Benachteiligung der Frau» schwadronieren, da sie im eigenen Heim die vom Gatten geachtete, umsorgte und behütete «Königin» und dort zudem auch mit vielen prima Privilegien, wie etwa dem Recht die Sabbatkerzen anzuzünden, ausgestattet sei. Zugegeben, eine super Sache, doch hebt das heimelige Kerzenanzünden ja wohl kaum die geschlechtsbedingte Hundsgemeinheit auf, dass die Dame im orthodoxen Judentum keinen Gebetsmantel und keine Gebetsriemen tragen darf.

Doch warum sollte man der Frau, gleich welcher Konfession, auch eine gleichberechtigte Rolle zugestehen, immerhin hat Gott ja lediglich Adam nach seinem Ebenbild geschaffen, während aus kirchlicher Sicht an Eva respektive allen Frauen bis heute der Makel der göttlichen Minderwertigkeit klebt wie frische Hundekacke in den Sohlenritzen alter Gummistiefel.

Und von der vorsintflutlichen bis zur mittelalterlichen Verachtung – da Frauen ja bekanntermaßen ebenso nimmersatt wie dauergeil danach trachteten, den rechtschaffen gottesfürchtigen Mann zu verführen, um ihn damit auf den Weg des Satans zu bringen – führten die klerikalen gottgewollten Konsequenzen dann auch recht zielstrebig in die spätere Inquisition (die ja eigentlich zum Ausrotten der Häresie ausgeheckt wurde), in deren mehrhundertjährigem Verlauf unzählige Frauen einzig und allein aufgrund religiöser Wahnvorstellungen im Namen der Frohen Botschaft vergewaltigt, gefoltert, verbrannt und ertränkt wurden. Oftmals sogar in dieser Reihenfolge.

Der Weg von der Mordlust bis zum Lustmord war seinerzeit nicht nur aufgrund der variablen Wortzusammensetzung ein ausgesprochen kurzer. Doch das Beschränken auf einen sexuellen Verfolgungswahn, der besagt, nur weil man unter dieser

Form von Paranoia leide, heißt das ja noch lange nicht, dass man nicht tatsächlich von lüsternen Hexen verfolgt werde, würde der Unfassbarkeit der Inquisition natürlich auch bei Weitem nicht gerecht werden. Wurden die Scheiterhaufen doch auch oft genug schon dann geschürt, wenn der Nachbar einen beschuldigte, das schlechte Wetter verursacht zu haben oder das Rheuma seiner Lieblingskuh. Und einmal angeklagt gab es kein Entkommen, denn bereits die Anklage bewies ja eindeutig, dass da etwas nicht stimmen konnte. Und dass tatsächlich etwas nicht stimmte, kann man auch heute nicht bestreiten, wenn die Fehlfunktion auch weniger in der teuflischen Natur der verbrannten Damen lag als vielmehr in den religiös verseuchten Hirnen von deren Anklägern, Richtern und Henkern. Sonderlich schwer schien es in Zeiten der Inquisition jedenfalls nicht gewesen zu sein, einen tobenden Mob aufzutreiben, der diese heiligen Auftragsmorde nur allzu gerne durchführte, wusste man sich doch auf der Seite der Guten, sprich der Kirche und damit Gott persönlich.

Und da man sich von Seiten der Kirche vor allem mit den Rechten der Frau beziehungsweise deren Anerkennung als vollwertigen Menschen (an dieser Stelle sei nochmals an ihr im wahrsten Sinne des Wortes nur lückenhaftes Ebenbild Gottes erinnert) ein wenig schwer tat, fiel es der Kirche umso leichter, sie zur Jagd freizugeben. So eröffnete sich der frisch entstandenen Inquisition Anfang des 13. Jahrhunderts ein ausgesprochen umfangreiches Beschäftigungsfeld, da die von Papst Gregor IX. (ca. 1167–1241, Papst ab 1227) ernannten und in alle Himmelsrichtungen entsandten Inquisitoren ihrem Reichsführer eine immense Ausbreitung des teuflischen Hexenwesens vermelden konnten. Und da Hexerei erfreulicherweise auch gleichbedeutend mit Ketzerei war, konnte man nach Lust und Laune wüten, denn Papst Gregor erteilte als erstes Kirchenoberhaupt, in buchstäblich brennender Sorge um das Seelenheil seiner ihm anvertrauten Schäfchen, flugs den ersten offiziellen Befehl zur Hexenverfolgung, die daraufhin bis zum 18. Jahrhundert mehrere Millionen Todesopfer forderte. In diesem Zusammenhang das Wort «unschuldig» zu erwähnen, erübrigt sich von ganz allein, denn so richtig viele echte Hexen werden sicherlich nicht unter den bei lebendigem Leib Verbrannten gewesen sein. Und der Umstand, dass der Besitz, im Idealfall das Vermögen der Opfer nach deren Hinrichtung an die Kirche fiel, schmälerte auch nicht gerade den Eifer der christlichen, nächstenliebenden Henker in Sachen hundertprozentiger Verurteilungsquote.

An dieser Stelle dezidierter auf den unglaublichen Wahnwitz der Inquisition einzugehen, würde den Umfang dieser Niederschrift allerdings genauso sprengen wie ein näheres Beleuchten der jüngsten Zigtausend Einzelfälle sexuellen Missbrauchs in der katholischen Kirche. Zum Thema Inquisition gilt es hier aber dennoch an ein bemerkenswertes Interview aus der ARD-Sendung *Kontraste* vom 03. März 2005 mit dem damaligen Kardinal Ratzinger, der kurz darauf zum aktuellen Papst Benedikt XVI. mutierte, zu erinnern.

Ratzinger bemerkte dort, wahrscheinlich bereits in der Vorahnung, demnächst ebenfalls für die gesamte Christenheit das Wort rückführen zu dürfen, dass ihm sein damaliger Titel als Oberbefehlshaber der Glaubenskongregation (siehe 2. Kapitel), der immerhin blitzsauber in der Nachfolge des einstigen Großinquisitors steht, durchaus gefalle und er sich gar in einer kontinuierlichen Linie mit der Inquisition früherer Jahrhunderte sehe.

Allerdings mit dem Unterschied, dass man sich heute anderer Methoden bediene. Doch einen gewissen Fortschritt attestierte der wohl bereits zu diesem Zeitpunkt geistig schwer verwirrte Greis auch seinen Vorgängern der Inquisition, schließlich hätte man dort immerhin die anfallenden Fälle untersucht und nicht direkt verbrannt. Ratzinger wörtlich:

«Aber wir versuchen heut' das, was nach damaligen Methoden – zum Teil kritisierbar – gemacht worden ist, jetzt aus unserem Rechtsbewusstsein zu machen. Aber man muss doch sagen, dass Inquisition der Fortschritt war, dass nichts mehr verurteilt werden durfte ohne Inquisitio, das heißt, dass Untersuchungen stattfinden mussten.»

«Zum Teil kritisierbar» ist in diesem Interview vor allem die Frage nach dem Geisteszustand des späteren und noch immer aktuellen Oberhauptes der katholischen Kirche, dessen Zurechnungsfähigkeit sich im Laufe seines Pontifikats nicht zwingend gebessert hat, wie diverse Schnapsideen des aktuellen Stellvertreter Gottes auf Erden zu diesem und jenem Thema leider recht deutlich beweisen.

Was aber verdammt nun, um wieder zur Ausgangsfrage dieses Kapitels zu gelangen, eigentlich vorehelichen Geschlechtsverkehr zur Sünde – und vor allem warum? Ist es Erklärung genug, dass Gott nicht will, dass man es allzu derbe durcheinander treibt?

Zwar wissen wir alle:

«Die Ehe soll von allen in Ehren gehalten werden, denn die Unzüchtigen und Ehebrecher werden von Gott gerichtet.» (Hebräer 13,4)

Aber was legitimiert ihn dazu, den Menschen derlei Regeln aufzuerlegen? Wie bereits im ersten Korintherbrief von Paulus angedeutet, passt es Gott wohl einfach nicht in den Kram, wenn man sich durch andere Aktivitäten vom Beten und Preisen ablenken lässt – und wenn doch, dann eben ausschließlich in einer offiziell von ihm genehmigten Verbindung. Allerdings mutet eine solche Beschränkung schon etwas kleinkariert an, wenn man Folgendes bedenkt: Bei einem nächtlichen Blick in einen klaren Sternenhimmel kann man etwa dreitausend Sterne sehen. Doch unsere Galaxie besteht aus etwa dreihundert Milliarden Sternen. Neben der heimischen Milchstraße gibt es noch viele Milliarden weitere Galaxien mit jeweils mindestens ebenso vielen Sternen, inklusive Brocken, gegen die sich die uns bekannte Sonne wie ein matt schimmernder Fliegendreck ausnimmt. So beträgt beispielsweise der Radius des größten uns bekannten Sterns, VY Canis Majoris, das zweitausendfache des Sonnenradius. Zum Größenvergleich zwei Beispiele mit denen Wikipedia die Verhältnisse einigermaßen anschaulich macht:

«Ein Flugzeug, das mit 800 km/h fliegt, würde, um den Durchmesser VY Canis Majoris' zurückzulegen, 356 Jahre brauchen. Ein weiterer Vergleich: Hätte die Erde einen Durchmesser von 1 mm, dann hätte die Sonne einen Durchmesser von etwa 10,9 Zentimeter und VY Canis Majoris einen Durchmesser von 200 Meter.»

Wenn man also nicht vergisst, dass Gott all das – und viele Sterne sind nach jüngsten Berechnungen europäischer Astronomen bis zu 13,7 Milliarden Jahre alt – vor nur sechstausend Jahren innerhalb von sechs Tagen gebastelt hat (und damit auch souverän seriöse wissenschaftliche Erkenntnisse zeitlich ad absurdum führt), er also mit ziemlich gigantischen universellen Vorgängen vertraut ist und wahrscheinlich im Rahmen dieser Tätigkeit und eventueller Nachbesserungen allgemein recht viel um die Ohren hat, dann wirkt es schon ein wenig pingelig, sich ausgerechnet darüber aufzuregen, dass sich zwei Menschen bereits vor der Ehe ein bisschen «erkennen». Von der Sache mit den blauen Zipfeln einmal mehr ganz zu schweigen.

So kommt auch der Physik-Nobelpreisträger Richard Feynman in seinem Buch *Es ist so einfach* zu der durchaus glaubwürdigen Schlussfolgerung: «*Ungemein beeindruckend ist beispielsweise die Ausdehnung des Universums (...) Solch eine wissenschaftliche Sichtweise weckt Ehrfurcht vor dem Mysterium, ausgesetzt am Abgrund der Ungewissheit, doch so tief und so beeindruckend ist dies, dass die Theorie, all das sei lediglich als Bühne für Gott konstruiert, damit er den Menschen in seinem Kampf zwischen Gut und Böse beobachten kann, wahrhaft unzulänglich scheint.*»

Doch es gibt heutzutage leider auch im Rahmen moderner irdischer Medien allerlei Verwirrungen zu beklagen, die verdeutlichen, dass zwischenmenschliche Verbindungen – seien sie nun von Gott legitimiert und abgesegnet oder nicht – vor allem ungewollt mit ihnen konfrontierte Mitmenschen geradewegs in eine voyeuristische Hölle führen können. Und das ausnahmsweise vollkommen unabhängig von einem christlich auferlegten Regelwerk. Ein ganz besonders lästiges Beispiel dieser Kategorie ist die des virtuell vorgeführten öffentlichen Kleinkindes, das sich fernab drohender konfessioneller Einbindung bereits mit dem Zeitpunkt seiner Geburt in der Sonderabteilung einer Passiv-Hölle befindet, die ihm aber erst viele Jahre später bewusst werden dürfte. Die Rede ist vom teuflisch-penetranten elterlichen Glauben, die Allgemeinheit unaufgefordert in den Bilderfluten ihrer Neugeborenen ertränken zu müssen. Die diesbezüglichen Bemühungen sind lang – und werden tagtäglich gnadenlos verlängert.

Auf nahezu jedem neuen in sogenannten sozialen Netzwerken veröffentlichten Bild sieht man das Kleinkind mit unterschiedlich farbigen Breiresten um den Mund. Man sieht es wahlweise mit einem von Elternseite auf Biegen und Brechen «Ach wie süß»-Kommentare einfahren wollenden, beschrifteten T-Shirt (gerne mit dem Logo einer Rockband), einer vermeintlich lustigen Kopfbedeckung wie einem Piratenkopftuch, einer naturgemäß viel zu großen Mütze, einer Sonnenbrille, mit einem riesigen Palästinensertuch («Unser kleiner Terrorist») oder aber auch gänzlich ohne jegliche Devotionalien, sondern einfach nur lächelnd, schreiend, stutzend, weinend, lachend nach links, rechts, oben oder unten schauend, vor den unterschiedlichsten Wohnungs- beziehungsweise Freizeithintergründen, oder aber das hilflose Kind wird, gleich einer Art Wanderpokal, Personen jeglicher Couleur, sei es Bekannten, Verwandten oder zufällig vorbeischlendernden Passanten zum Abfotografieren in den Arm gepresst.

Die daraus resultierende Bilderflut, die bedrohlich in Richtung jener Sorte von Freizeitparkfotos schwappt, auf denen man beliebige Köpfe durch einen Plastikpranger steckt, um dann witzig die Zunge raushängen zu lassen, wird keine fünf Minuten später «online gestellt» und wiederum nur kurz darauf garniert mit den inflationären, schon längst zur nervigen Routine verrutschten und nur noch aus Gefälligkeit absolvierten Gefällt-mir-Klicks der virtuellen Freunde, inklusive der spätestens mit dem Erreichen der gefühlten Tausendermarke nur noch mäßig originellen Kommentare der Eltern des Kindes.

Und wenn Papa im Stundenrhythmus ein farblich neu arrangiertes Bild (vielleicht einmal mit braunen Essensresten und einer lila Sonnenbrille) veröffentlicht, wird das natürlich umgehend von der in diesem Moment neben ihm auf dem Sofa sitzenden Mutter auf deren eigenem Laptop kommentiert beziehungsweise je nach Verursacher eben andersrum. Nun ist es natürlich ebenso verständlich wie grundsympathisch, dass Eltern auch noch nachträglich die Geburt ihrer Kinder bejubeln und ihre Freude über die erbrachte Niederkunftleistung der ganzen Welt freudig erregt mitteilen möchten. Und so soll das ja auch sein.

Man kannte das auch bereits früher von «Baby an Bord»-Autoaufklebern, die aufkleberlose Fahrer ermahnen sollten einmal ausnahmsweise nicht – wie ja sonst üblich – grundlos hupend oder anderweitig krakeelend, von donnernder Highway-to-hell-Beschallung aufgepeitscht auf unübersichtlichen Straßen haarscharf rechts zu überholen und so die gesamte Wagenbesatzung, vor allem aber das an Bord befindliche Kleinkind, anonym zu erschrecken. Eine Übung, die sich nicht annähernd ordnungsgemäß in die virtuelle Welt übertragen lässt, fallen bei derlei Kapriolen die Überhol- und dergestalt Erschreckoptionen schlichtweg aus.

Was aber treibt all die frisch gebackenen Eltern dazu, jede noch so profane Alltagssituation ihres Kindes zum genervten Leidwesen unaufgeforderter Dauerzeugen der Öffentlichkeit preiszugeben?

Das Kind persönlich kann selbstverständlich am allerwenigsten für die distanzlosen Aufdringlichkeiten seiner Eltern, ahnt es doch nicht, was da mit ihm getrieben und auf seinem Rücken kompensiert wird. Ein Umstand, der sich aber allerspätestens mit der Pubertät ändern wird, wenn es mit Gleichaltrigen in angestaubten Facebook-Archiven stöbert und auf jene visuelle Sintflut biblischen Ausmaßes aus seinen Säuglingstagen stößt.

Wobei sich allerdings die Frage stellt, ob die Paparazzi-Eltern der ohnehin komplett desinteressierten Allgemeinheit nicht auch noch schonungslos die späteren Jahre des Kindes aufdrängen? Wann also hört der penetrante Wille der Eltern zur Vorführung und Zurschaustellung auf? Im Zuge solcher Überlegungen mag man lieber gar nicht erst an hoffentlich niemals auftauchende Bildunterschriften des Kalibers «Shania-Janines erste Periode» oder «Justin-Marcel-Noels niedliche Erektion» denken.

Aber hat es das lustige An-der-Nase-Herumführen der Kinder nicht bereits in der Bibel gegeben?

Zog seinerzeit nicht auch Gott dem alten Abraham, bar jeglichen moralischen Taktgefühls und wahrscheinlich sogar heimlich hinter vorgehaltener Hand im Himmel kichernd, eine lange Nase, als er ihm zwecks Hörigkeitsüberprüfung mal eben die Schlachtung von dessen Sohn Isaak auftrug und der Veranstaltung erst im letzten Moment, als Isaak bereits auf dem Brandopferaltar lag und sein Vater einsatzbereit das Messer zückte, Einhalt gebot, indem er Vater und Sohn sinngemäß mit den Worten «War nur Spaß» von seinem Testspiel erlöste. (1.Mose 22, 2-12) Da war das Lachen allenthalben sicherlich groß. Und die Tatsache, dass der Name Isaak im Hebräischen so viel bedeutet wie «Gott hat gelacht/gescherzt», macht die Sache vor allem für den jüngsten Beteiligten natürlich auch nicht zwingend spaßiger, zeigt aber umso deutlicher, dass Gott wohl schon im Vorfeld bei der Namensgebung Isaaks Abraham schmunzelnd einen Floh ins Ohr setzte, um damit den späteren finalen Ulk einzuleiten.

Doch wie so oft haben auch die fragwürdigsten Aktionen, sogar jene in sozialen Netzwerken, zuweilen etwas Tröstliches:

Denn wenn das öffentliche Facebook-Kind später einmal eine Straftat im familiären Umfeld begeht, kann es zumindest aufgrund unzähliger dokumentierter Motive sicherlich mit mildernden Umständen rechnen.

Inwiefern solche elterlichen Unzulänglichkeiten mit dem heiligen Bund der Ehe oder gar vorehelichem Geschlechtsverkehr, aus dem das Kind eventuell hervorgegangen ist, zu tun haben, bleibt zumindest fraglich, denn letzten Endes macht es keinen Unterschied aus welchem Familienstand heraus man dümmlich agiert oder aufgrund geheimnisvollster Einflüsterungen seine Kinder wem auch immer zum Fraß vorwirft.

Dass indes selbst ein so modernes Teufelswerk wie das Internet nicht zwingend in eine Hölle – sei sie aktiver oder passiver Natur – führen muss, beweist die Tatsache, dass dort natürlich auch das Wort Gottes zu finden ist. Ein ganz besonders schöner, weil integrativer Gedanke ist es dementsprechend auch, Menschen, die sich nach wie vor blindlings von den martialischen Wertesystemen eines antiken Buches führen lassen – dessen absurde Regeln Abermillionen von Menschenleben auf dem Gewissen haben –, in einer neuen virtuellen Welt zu finden, mit deren Möglichkeiten sie versuchen, Ungläubigen eine gewisse Aktualität jener archaischen Glaubenskonstrukte, denen sie selbst folgen, vorzugaukeln.

Ein Blick auf die Internetseite www.bibelpraxis.de bietet diesbezüglich ganz außerordentliche Ansichten, die einen einerseits dahin gehend freuen, dass solche Leute wenigstens praktisch im 21. Jahrhundert angekommen sind, während sie andererseits noch immer einem Leitbild frönen, das schon lange nicht mehr von dieser Welt ist. Auf besagter Internetseite gibt es Anregungen und «Antworten» zu allerlei christlichen Fragen, die dort jedoch von Seiten der Verfasser so unfassbar weltfremd hineingestanzt sind, dass man beim darin Herumschmökern gleichzeitig Lachen und Weinen möchte.

So darf man sich beispielsweise gleich über sage und schreibe 65 Artikel zum Thema «Anregungen für Verlobte» und damit gleichsam zum höllenaffinen Brennpunkt «vorehelicher Geschlechtsverkehr» wundern. Unter anderem heißt es da:

«Manchem Jüngeren, Unverheirateten ist es ‹passiert› – es ist eine Sünde vor Gott! Er hat sich mitreißen lassen und hatte Geschlechtsverkehr mit einer Person des anderen Geschlechts.»

Ein Unglück, um das glücklicherweise gerade Geistliche bei ihren homosexuellen Kontakten zu Kindern lässig herumkommen.

«Vielleicht ist noch eine gewisse innere Bindung da. Und man fragt sich: Bin ich jetzt verpflichtet, diese Person auch zu heiraten?»

Eine Frage, die sich bei den angesprochenen Geistlichen gleich aus mindestens zwei Gründen nicht stellt, denn erstens verurteilt die Kirche die Ehe unter gleichgeschlechtlichen Partnern und zweitens wäre auch die Minderjährigkeit der infrage kommenden Ehepartner ein Problem. Damit es nicht zum Äußersten kommt, warnt «Bibelpraxis» bereits vor den Gefahren des vorehelichen Flirtens:

«Flirten – das ist heute gang und gäbe. Es fängt schon in der Schule an. Die Augen von einem Jungen und einem Mädchen treffen sich. (...) Es ist eben ein Spiel. Das Problem ist nur, dass die Spielregeln jedes Mal andere sind. Denn es passiert leicht, dass einmal das Spiel aus den Händen gerät. Was, wenn der oder die andere ein bisschen mehr Erfahrung hat und dann aufs Ganze will?»

Man ahnt bereits hier, wer dann im drohenden Sündenfall der Gelackmeierte sein wird.

«*Dann sind Christen oft wehrlos, weil sie so überrumpelt werden, dass sie nicht wissen, was mit ihnen passiert. (...) Man kann nicht mehr nein sagen. Kuss und mehr sind die Folge – vielleicht sogar mit einer ungläubigen Person.*»

Nicht auszudenken, was die gottgewollte und gerechte Folge wäre. Und auch bei der in diesem Kapitel gestellten Frage nach der ehelichen Rolle der Frau kennt «Bibelpraxis» die Antwort. Darüber hinaus hat man sogar in Sachen züchtiger Eheanbahnung einen Verhaltenskodex parat:

«*(...) ganz offensichtlich hat Gott dem Mann diesen Platz der Verantwortung gegeben, der auch in Bezug auf die Eheschließung (und damit die Verlobung) Gültigkeit hat. Nicht von ungefähr wird in 1. Korinther 7,39, wenn es um die Eheschließung der Frau geht, eine passive Form gewählt. Sie wird sozusagen verheiratet. Denn es ist der Mann, der sie heiratet.*»

Und wie wir seit Adam wissen, sie ja letztlich auch geboren hat.

«*Heißt das, dass die Frau eine passive Rolle bei der Eheschließung einnimmt? Nein! Denn eine Frau hat durchaus nicht die Pflicht, jedem Mann, der auf sie zukommt, um um ihre Hand anzuhalten, einfach ja zu sagen. Wir finden zwar in der Schrift kein Beispiel dafür, dass eine Frau nein gesagt hätte. Und das sollte eine gläubige Frau sehr vorsichtig mit diesem ‹Mittel› umgehen lassen. Aber wenn eine geistliche Frau erkennt, dass zum Beispiel ein ungeistlicher Mann wegen ihrer körperlichen oder geistigen Attraktivität kommt, dann kann sie auch nein sagen. Sie muss es mit dem Herrn tun und sich klar werden vor dem Herrn, dass sie diesen Weg nicht mitgehen kann.»*

Und wieder sind wir bei einer gewissen und in dieser Form eben hauptsächlich im dogmatischen Irrsinn religiöser Verhaltensmuster zu findenden Dualität der Dinge angekommen. Einerseits ist es natürlich ausgesprochen beruhigend zu wissen, dass auch eine gläubige Frau anscheinend nicht zwingend jeden, von irgendeinem x-beliebigen Trampel vorgetragenen Heiratsantrag automatisch annehmen muss, andererseits mag man sich kaum des Eindrucks erwehren, dass die Verfasser solch himmelschreiender «Anregungen für Verlobte» – hätten sie auch physisch einige Jahrhunderte zuvor gelebt – sicherlich nicht die Letzten gewesen wären, die sich beim begeisterten Anzünden der Scheiterhaufen mit johlender Genugtuung an ihrer emotionalen Erektion erfreut hätten.

10

Heidenlärm

Geheime Rückwärtsbotschaften in sakraler Kirchenmusik. Was es mit 666, der Zahl des Antichristen, auf sich hat und welcher Prominente sich dahinter verbirgt. Warum es angenehmer ist, die Blutgruppe AC/DC in den Venen als einen fromm gestreiften Schlagzeuger in der Band zu haben, der sich den Weg zum Herrn frei schießt.

Wer seine in den achtziger Jahren stattfindende Jugend für lässiges Herumlungern an dörflichen Bushaltestellen, Turnhallen oder Mofareisen in die Nachbargemeinden genutzt hat und sie im Zuge dessen in erster Linie der Kunst des Bierflaschenöffnens mit allen nur erdenklichen Materialien widmete, hat eigentlich nicht sonderlich viel falsch gemacht. Denn neben derlei Übungen galt es an besagten Treffpunkten vor allem auch gemeinschaftlich Musik zu hören, und wer damals etwas auf sich hielt, lauschte vornehmlich der sogenannten NWOBHM, der «New Wave of British Heavy Metal», die fälschlicherweise noch immer mit Bands wie Iron Maiden, Saxon, Judas Priest oder Black Sabbath gleichgesetzt wird, obwohl die aufgezählten Combos bereits in den späten Siebzigern unterwegs waren und von «new» dementsprechend nicht die Rede sein konnte.

Neben dem Aufmalen der Bandschriftzüge mit einem schwarzen Edding auf Jeansjacken und Turnschuhe war es

Pflicht, bestimmte Textpassagen auf Schultaschen zur Schau zu stellen, um damit dem spießigsten seiner Lehrer den eigenen, jederzeit einsatzbereiten Willen zur Rebellion zu demonstrieren, von dem er sich (wie man damals dachte) so schnell wohl nicht wieder erholen würde. So konnte man den seinerzeit noch jungen Alt-Achtundsechzigern aber mal so richtig zeigen, wie die Nummer mit der Revolution ordnungsgemäß funktioniert, denn schon der Schriftsteller Peter Chotjewitz wusste: «1968 war allerlei los. Bloß nicht 1968.»

Als besonders beliebte schriftliche Taschenverzierung galt der auf dem entsprechenden Tonträger sehr eindringlich aufgesagte – und der biblischen Offenbarung des Johannes entliehene – Intro-Text des Iron Maiden-Klassikers *The Number of the Beast*, dem Titeltrack des gleichnamigen Albums von 1982:

> *«Woe to you, oh earth and see,*
> *for the devil sends the beast with wrath,*
> *because he knows the time is short.*
> *Let him who hath understanding reckon the*
> *number of the beast –*
> *for it is an human number.*
> *It's number is six hundred and sixty six.»*

Auf dieser Passage beruhen seitdem allerlei mehr oder weniger gelungene Scherze und Wortspielereien mit der «Zahl des Tieres», der «Zahl des Antichristen», wobei Bemerkungen des Kalibers «333, half-evil» und «667, the neighbour of the beast» noch als die Geglücktesten zu nennen wären und dementsprechend nach wie vor als Evergreens gelten. Wie aber kamen die

Chronisten der heiligen Schrift ausgerechnet auf die 666 und was zum Teufel hat sie eigentlich zu bedeuten?

Die Offenbarung des Johannes (Offenbarung, griechisch «apokalypsis») ist das letzte prophetische Buch des kanonischen christlichen Neuen Testaments, bei deren Endzeitszenarien man den apokalyptisch offenbarenden Johannes allerdings nicht mit dem Apostel Johannes, dem mutmaßlichen Verfasser des Johannesevangeliums, verwechseln sollte. In besagter Offenbarung (13,18) steht unter anderem, was wir bereits durch Iron Maiden wissen:

«Hier ist die Weisheit. Wer Verstand hat, der überlege die Zahl des Tieres; denn es ist eines Menschen Zahl, und seine Zahl ist sechshundertsechsundsechzig.»

Man darf ruhigen Gewissens davon ausgehen, dass der Verfasser des Textes damit wohl den Namen eines Menschen verschlüsseln wollte. Die meisten Menschen, die sich seitdem mit der Entschlüsselung dieses Codes beschäftigt haben, sind sich weitgehend darüber einig, dass er mit Hilfe der Gematrie durchaus auch ohne die geistigen Kapazitäten eines Raketenforschers zu enträtseln ist. Zumindest käme man so auf verschiedene Lösungsmöglichkeiten. Die Gematrie, eine alte hermeneutische Technik der Interpretation von Worten mit Hilfe von Zahlen, bedient sich der Tatsache, dass im griechischen und im hebräischen Alphabet keine speziellen Zeichen für Zahlen existierten, sondern sie anhand von Buchstaben notiert wurden. Daher ist es möglich, jedes Wort auch als Zahlengruppe zu schreiben, deren Struktur durch bestimmte Rechenoperationen oder auch lediglich die Summe ihrer Einzelwerte wiederum für andere Wörter stehen kann. Klingt kompliziert, lässt sich aber anhand eines Beispiels recht gut veranschaulichen.

In den Ruinen des alten Pompeji wurde angeblich folgende Inschrift gefunden: «PHILO HES ARITHMOS F.M.E.» (F, phi = 500 / M, my = 40 / E, epsilon = 5, ergibt summa summarum und in voller dezimaler Pracht 545.)

Zu übersetzen ist das Bekenntnis sinngemäß mit: «Ich liebe diejenige, deren Zahl 545 ergibt.» Zugegeben, das geht romantischer, aber dafür kaum geheimnisvoller, zumal man ja auch mit der Quersumme der 545, also der 14, und wiederum deren Quersumme 5 auf unterschiedliche Namen oder Initialen käme. Anhand einfacher gematrischer Techniken und komplizierter Abwägungen ihres sozialen Umfeldes konnte die kundige Angebetete so herausfinden, ob der antike, wenn auch anonyme Liebesbeweis tatsächlich ihr galt. Vorausgesetzt natürlich sie verfügte über eine rudimentäre Kombinationsgabe und das entsprechende Übersetzungswissen, die Zahlenkombination wieder zurück in die entsprechenden Buchstaben zu transkribieren. Ansonsten wäre die romantische Inschrift nur so viel wert gewesen, wie heute jedes beliebige zahlenlose «D.E liebt P.P» auf dem Betonpfeiler irgendeiner verwahrlosten Autobahnbrücke.

So stand überraschenderweise der erste Buchstabe des Alphabets für die 1, der zweite für die 2 und so weiter. Entsprechende Zuordnungen gab es auch für die einzelnen Zehner- und Hunderterwerte. Die Summe der jeweiligen Zahlzeichen ergab dann wiederum eine neue Zahl, die sich wieder in Worte umrechnen und übersetzen ließ. Daher nimmt man an, dass bei der mysteriösen 666 der Offenbarung ähnlich vorgegangen wurde, da man – warum auch immer – offensichtlich vermeiden wollte, dass der Name des Antichristen in den damaligen Boulevardblättern auftaucht. Den seinerzeit Eingeweihten war es hingegen leicht möglich, seinen Namen zu entziffern und ihn damit gleichsam zu identifizieren.

Bei den verschiedenen, mathematisch zwar durchaus nachvollziehbaren, wenn auch bisweilen sehr weit hergeholten Dechiffrierungen wurden der Zahl im Laufe der Geschichte so unterschiedliche Persönlichkeiten wie Martin Luther, Napoleon Bonaparte, der Führer und diverse Päpste, ja sogar das Papsttum als Ganzes (was der Sache immerhin recht nahe kommen dürfte) zugeordnet. Zwar ist auch aus heutiger Sicht noch keine endgültige Identifikation zu verbuchen, doch aus dem Kreis ernst zu nehmender Kandidaten für die personale Lösung des Codes hat sich immerhin ein Favorit herauskristallisiert. Der als einer der ersten offiziellen Irren in die Geschichte aufgenommene römische Kaiser Nero. Und der spielte ja angeblich sogar die Lyra, ein antikes Saiteninstrument, das aber in den späteren Werken von Iron Maiden zunehmend an Bedeutung verlor.

So erklärt zum Beispiel der 1880 verstorbene deutsche Bibelforscher und Orientalist Ferdinand Benary, durch die Addition der Zahlenwerte der hebräischen Schreibweise Neros, «Neron Kesar», erhalte man ebenso die Summe 666 wie bei der griechischen Schreibweise «Nêrôn Kaisar», vorausgesetzt man hält sich auch bei dieser Umrechnung an die hebräischen Regeln.

Der britische Schriftsteller Robert Graves nähert sich der Identifikation des angeblichen Antichristen in seinem Buch

The White Goddess von einer ähnlichen Richtung, die zur selben Lösung kommt. Er will in der römischen Schreibweise der 666, DCLXVI, ein Akronym des lateinischen Satzes «**D**omitius **C**aesar **l**egatos **X**ti **v**iolenter **i**nterfecit» («Kaiser Domitius tötete gewaltsam die Gesandten Christi») erkannt haben. Historisch immerhin soweit nachzuvollziehen, da Nero vor seiner Adoption durch Kaiser Claudius den Namen Domitius trug und als einer der grausamsten Verfolger der ersten Christen galt.

Doch selbst wenn man all diese Beweise zusammenpackt, will sich einem die personale Zuordnung des Teufels noch immer nicht so recht offenbaren. Vielmehr fragt man sich in der Erwartung einer finalen Enttarnung nicht ganz zu Unrecht, wann sich denn mal wieder ein neu gewählter Papst auf den Namen Sixtus tauft, denn immerhin hat Sixtus eine veritable klerikale Tradition und war zudem der erste Papstname, der mehrfach benutzt wurde. Der erste Sixtus war zudem der sechste Nachfolger des Urpapstes Petrus, was namentlich nicht weiter überrascht, da Sixtus schlicht und ergreifend die lateinische Bezeichnung für «den Sechsten» ist. Der fromme Mann vertraute also erst gar keinem Eigennamen, sondern verließ sich lieber direkt auf die geheimnisvolle Macht der Zahlenmystik.

Die Reihe der Pontifizes, die auf diesen Namen hörten, endete überraschenderweise im Jahre 1590 bei Nummer fünf. Der nächste wäre dementsprechend Sixtus, der Sechste. Und da Sixtus ohnehin schon «der Sechste» heißt, könnte man das (die heiligen Gesetze der Fernsehsendung Dalli Dalli außer Acht lassend) doppelt werten und wäre dann mit Namen, Bedeutung und Nummer wieder bei drei Sechsen. Eine blitzsaubere Überführung des nächsten Papstes, der die Eier besäße, sich Sixtus zu nennen. Zugegeben, eine gewagte Hypothese und ähnlich einleuchtend, wie die, den ehemaligen amerikanischen Präsidenten, Cowboydarsteller und Rettungsschwimmer Ronald Wilson Reagan betreffend, der aufgrund der jeweils sechs Buchstaben betragenden Anzahl seiner drei Namen ebenfalls lange Zeit als heißer Anwärter auf den vakanten Thron des Antichristen gehandelt wurde.

Doch wenn man die Zahlenspiele noch ein wenig weiter treiben möchte, scheint da ein ganz anderer Name immer teuflischere Gestalt anzunehmen. Und die mathematischen Indizien dafür sind geradezu erdrückend. Wenn man die Buchstaben von dessen Namen mit der Reihenfolge ihres Auftretens in unserem Alphabet übersetzt und dann die jeweiligen Quersummen seines Vor- und Nachnamens bildet, kommt man bei sage und schreibe beiden Namen auf die identische Quersumme von 35. In seiner teuflischen Dopplung an und für sich bereits verdächtig genug. Addiert ergeben die beiden Namen also die Zahl 70, deren Quersumme wiederum 7 ist. Die Quersumme von 35 ist hingegen 8. Wenn man 7 und 8 addiert, ergibt das 15, deren Quersumme die 6 ist. Rechnet man diese 6 wieder auf Vor- und Nachnamen hoch, kommt man bereits auf zwei Sechsen. Und die dritte, noch fehlende 6, die den Verdächtigen als vollwertigen Antichristenbewerber ausweist, ist auch schnell ausgemacht. Liegt sie doch für jeden sichtbar und nachvollziehbar in seinem aktuell beworbenen Produkt, dessen Beschreibung sich aus 6!!! Buchstaben zusammensetzt. Wenn auch das S in dem Wort «Essenz» doppelt vorkommt, was allerdings gerade bei der deutschen Vergangenheit nur als zusätzlicher Beweis verbucht werden muss.

666, garniert mit SS, teuflischer geht es kaum. Der Antichrist könnte also durchaus Jürgen Fliege heißen. Eine Hypothese, die jeder nachrechnen und auf seine mathematische Wasserdichte überprüfen kann. Und gilt der Teufel im Volksmund nicht ohnehin als Herr der Fliegen?

Doch selbst wenn man von so brisanten wie spekulativen Personalien absieht, kommen Rechenmodelle dieser Art immer wieder zu beeindruckenden Ergebnissen, deren Nachvollziehbarkeit wohl prinzipiell mehr Wahrheitsgehalt birgt, als das so manchem lieb ist. Abschließend ein weiteres Beispiel, das nüchterne Mathematik mit traditionellem Kulturgut verbindet:

Die Quersumme von 666 beträgt 18, deren Quersumme wiederum 9 ist. Und 9 muss so etwas wie die ewiglich gültige Wahrheit sein, denn ihre Quersumme ist ebenfalls 9. Sieht man diese Zahl aber als ganze Wahrheit und zieht von ihr die beiden ewigen Kontrahenten, sprich Gott und den Teufel als jeweiligen Einerpack ab, landet man unwillkürlich bei der 7.

7 wie 7 Zwerge, 7 Berge, 7 Geißlein, 7 auf einen Streich und dergleichen mehr. Man findet sich zwangsläufig ohne größere Umwege da wieder, wo Dinge wie die Existenz eines personalen Gottes und eines ebensolchen Teufels zu Hause sind – im Bereich der Märchen. Doch auch wenn man die beiden gar nicht erst von der 9 abzöge, würden sie mit ihrer Existenz quasi die Wahrheit der 9 auf den Kopf stellen, womit wir wieder bei der teuflischen 6 wären, die in der Dreifaltigkeitsausführung das Böse symbolisiert. Man kann es also im wahrsten Sinne des Wortes drehen und wenden, wie man möchte. Es ist und bleibt Schwachsinn.

Und auch in Sachen gottgefälliger Musik offenbaren sich ja, fernab der nüchternen Welt der Zahlen, zuweilen immer wieder einige geheimnisvolle Interpretationen. Jahrelang wurde beispielsweise von Seiten der Kirche gewissen Spielarten von Rockmusik unterstellt, auf Tonträgern mysteriöse diabolische Botschaften zu verstecken, die allerdings nur dann zu hören seien, wenn man die entsprechende Stelle rückwärts abspielt.

Hierzu war es vonnöten, die Musik der jeweiligen Schallplatte, denn es handelte sich dabei gerne um frühe Produkte der bereits erwähnten NWOBHM, zu deren Zeiten es noch keine digitalen Tonträger gab, auf eine Kassette oder ein Tonband aufzunehmen, das es dann – technisch nicht ganz ausgereift – mehr schlecht als recht rückwärts herunterzuspulen galt. Als vermeintliche Botschaft musste dann meist ein, dem Rückwärtsabspielen des Bandes geschuldetes, unkoordiniertes Rauschen und nicht genauer zu definierendes Murmeln herhalten, das aber doch ganz eindeutig besagte, dass etwa der Teufel ganz dufte und Gott nur eher so mittel sei.

Wenn man die Sache allerdings einmal etwas unvoreingenommener angeht, könnte man durchaus auf die Idee kommen, dass die Verbreitung solcher angeblicher Rückwärtsbotschaften Genre überschreitend vielleicht auch einen ganz anderen Ursprung hat. Und gerade wer sich schon immer gewundert hat, warum ausgerechnet sakrale Chorgesänge so willkürlich dahingesungen klingen, sollte bezüglich der musikalischen Eingrenzung solcher Botschaften stets ein offenes Ohr haben. Denn die Lösung scheint simpel. Die meisten von ihnen könnten seinerzeit als musikalisches Palindrom konzipiert worden sein, das heißt, sie sollten vorwärts genauso klingen wie rückwärts.

Nun ist es für einen halbwegs geübten Musiker nicht sonderlich schwierig ein Musikstück zu komponieren, das vorwärts genauso klingt wie rückwärts, wie man an zahllosen aktuellen

Popsongs, etwa aus dem Hause Bohlen, leider nur allzu gut hören kann, aber der Trick bei der Sache war ja auch die unterschwellige Textbotschaft. Und die ist selbst bei vorwärts gesungenen Kirchenchören oftmals nur schwer nachzuvollziehen. Aber kann man überhaupt eine Rückwärtsbotschaft noch als geheim einstufen, wenn sie auch vorwärts gehört den identischen Inhalt offenbart?

Wahrscheinlich schon, denn es sind auch vorwärts eher schwammige Nachrichten, die dem in gläubiger Trance Lauschenden vermittelt werden sollen. Botschaften, die sich selbst dem geübten Zuhörer nicht vordergründig im Ohr, sondern vielmehr direkt im Unterbewusstsein festschrauben.

So ist bei dem aus dem späten 18. Jahrhundert stammenden Jammerchoral *Die Liebe fleht: helfe bei Leid* die Botschaft tatsächlich vorwärts wie rückwärts identisch. Gleiches gilt auch für ein die eheliche Treue propagierendes katholisches Kirchenlied aus derselben Zeit, das sich trotz vorangegangener christlicher Kreuzzugsbesuche sogar im vorderen Orient größter Beliebtheit erfreute. Eine Nummer, die dort für das Christentum auch beim vor Ort ansässigen spirituellen Mitbewerber für einen beträchtlichen Imagegewinn sorgte: *Erika feuert nur untreue Fakire.*

Den größten diesbezüglichen Erfolg feierte aber ein heute weitgehend wieder in Vergessenheit geratenes Lied, das klerikalen Quellen zufolge vor etwa hundertfünfzig Jahren direkt im Vatikan entstanden sein soll. Es behandelt unter Einbeziehung der meteorologischen Allmacht Gottes die bedingungslose Gleichstellung und Entschlossenheit der Menschen und lässt auch die vom Allmächtigen erstellte Tierwelt nicht außen vor: *Ein Neger mit Gazelle zagt im Regen nie.*

Doch nicht nur komplizierte kirchenpolitische Botschaften, auch musikalisch nachvollziehbarere volkstümliche Lieder ohne jegliche Rückwärtsinformation waren von dem textlichen Phänomen der listigen Indoktrination betroffen und verhalfen so – von der Bevölkerung nahezu unbemerkt – der unterschwelligen christlichen Botschaft zu kleinstmöglicher Transparenz, wie der ebenfalls aus dem 19. Jahrhundert stammende Choral *Es gibt nur ein' lieben Gott* untermauert. Die Melodie dieses Liedes erlangte später als *Guantanamera* Weltruhm und wurde vor wenigen Jahren, wenn auch textlich leicht modifiziert, wieder der ursprünglichen Lob- und Preis-Intension zugeführt und war unter dem Titel *Es gibt nur ein' Rudi Völler* dementsprechend ein drittes Mal in aller Munde.

Doch warum eigentlich Rückwärtsbotschaften, wenn sie auch vorwärts ein- und dasselbe besagen? Immerhin hat die Kirche seit ihrer spirituellen Machtübernahme offiziell mit jeglicher Form von hintenrum – zumindest vornerum – nicht ganz unerhebliche Probleme.

Die Erklärung ist ebenso einleuchtend wie simpel. Da die Kirche nur zu ihrem offiziellen Kanon zählt, was ihren geheimen Machterhaltungsstrategien zuträglich ist, würde es nicht weiter verwundern, wenn in den dunklen Kellern des Vatikans ein der Öffentlichkeit vorenthaltenes Palindromius-Evangelium lagern würde, das derlei akustische Schummeleien nicht nur unterstützt, sondern sogar im Namen des Allmächtigen fordert. Und die Kirchengeschichte hat durchgehend bewiesen, dass kein frommer Gedanke zu absurd ist, um nicht genügend Hornochsen zu finden, die versuchen, ihn anderen – und sei es nur mit musikalischer Gewalt – aufzuknüppeln. Da ist es letztendlich egal, aus welcher Himmelsrichtung die Verdummungsschläge kommen, denn verordnet sind sie ohnehin von oben.

Aus der Tradition rückwärtsgewandter Textbotschaften schwappte in den achtziger Jahren aus der New Wave of British Heavy Metal dann auch konsequenterweise eine erheblich plakativere musikalische Welle auf den eingangs erwähnten Bushaltestellen- und Turnhallenparkplatzalltag herüber: Der christlich motivierte Hard Rock (wenn auch musikalisch vorwärts gerichtet, so doch inhaltlich noch immer souverän auf graue Vorzeiten vertrauend) blies zum Kreuzzug, die ursprüngliche Intension von Rockmusik – nämlich nicht blind die Regeln einer regressiven Obrigkeit abzunicken – ad absurdum zu führen. Nun ist es natürlich so, dass eine etwas donnerndere Art von Rockmusik grundsätzlich dazu gedacht ist, fernab von aufgesetztem Botschafts-Tralala, schlicht und ergreifend so heftig, aber auch so songdienlich und melodiös wie möglich zu knallen und zu schieben und damit unisono zu unterhalten.

Die Gesanglinien eines Rocksongs sollten daher gut singbar sein, und dazu bedarf es der Fähigkeit, Text und Silbenrhythmus im Idealfall der Melodieführung so geschmeidig anzupassen, dass sich daraus eine phonetische Einheit ergibt. Inhaltlich ist es demzufolge eigentlich vollkommen irrelevant, von was da nun gesungen oder geschrien wird, denn der Zuhörer identifiziert sich tatsächlich nur in den seltensten Fällen mit dem Text eines Hard Rock- oder Heavy Metal-Songs, der über das gängige Ooh-yeah-baby-Schema hinausgeht. Ausgenommen natürlich martialischer Pathos wie ihn etwa eine Band wie Manowar verkörpert, denn welcher Jugendliche würde das heimische Mofa nicht gerne gegen eine Harley Davidson und die Pickelcreme gegen ein Schwert eintauschen.

Die Authentizität und inhaltliche Gewichtung von Rocktexten hat übrigens der grandiose Ian Gillan, seines Zeichens Sänger der großartigen Krawallkapelle Deep Purple, einmal während eines Konzertes präzise auf den Punkt gebracht, als er dem Publikum im Rahmen der Ansage zu dem Lied *Ted, the mechanic* erklärte, die Person, um die es in der Nummer ginge, hieße eigentlich gar nicht Ted, sondern vielmehr Frank und wäre auch kein Mechaniker, sondern Gärtner. Aber sowohl Name wie Beruf ließen sich einfach nicht gut singen. Den Leuten war's egal, sie hatten so oder so ihren Spaß und damit den Sinn von lauter Rockmusik bestens verinnerlicht. Dementsprechend unangenehm ist es daher auch, wenn Musikgruppen der Meinung sind, ihre Zuhörer auf Teufel komm raus zu was auch immer bekehren zu müssen, anstatt einfach nur unterhalten zu wollen.

Ein besonders unangenehmes Beispiel für medienwirksam zur Schau gestelltes Gutmenschentum stellt beispielsweise U 2-Sänger Bono dar – dem man zwar vieles vorwerfen kann, der Fairness halber allerdings nicht, dass er Rockmusik spielen würde –, der eine Zeit lang in der Öffentlichkeit so penetrant und aufgesetzt altruistisch agierte, dass er nahezu täglich (um seine gesalbte Selbstlosigkeit auch optisch zu untermauern) in der Presse auf gemeinsamen Fotos mit anderen Scheinheiligen zu begucken war. Eine Unsitte, die schnell darauf hinauslief, dass es in dieser Zeit kaum ein Foto des Papstes gab, auf dem nicht auch Bono aus dem Hintergrund vom Balkon winkte.

Doch zurück zum christlichen Hard Rock. Ein ganz spezieller Vertreter dieses Genres war die 1984 gegründete kalifornische Band Stryper, deren Mitgründer Michael Sweet den Bandnamen gerne als Akronym sah. Eine fragwürdige, da bisweilen etwas ungelenke Interpretationsmöglichkeit, mit der ja, wie weiter vorne bereits zu lesen war, schon Robert Graves Kaiser Nero als den Leibhaftigen überführte. Die Band stehe demnach für **S**alvation **T**hrough **R**edemption **Y**ielding **P**eace **E**ncouragement and **R**ighteousness. Also quasi für dasselbe wie Manowar, nur eben ohne Schwert und Moped. Und Schwerter hatten die frommen Rocker von Stryper auch nicht nötig, sah man sie auf dem Cover ihres Debütalbums *Soldiers Under Command* doch grimmig dreinblickend und schwer bewaffnet mit allerlei Maschinengewehren vor ihrem vermeintlichen Einsatzwagen herumturnen, mit dem sie wohl in einem motorisierten Kreuzzug im kommerziellen Auftrag des Herrn zum Bekehren durch die Lande schossen, wie einem das Bild weismachen wollte. Allerdings war es mit der Ernsthaftigkeit des Grimmigen nicht allzu weit her, war die Band doch bei Live-Auftritten, wie auch bei Fototerminen stets von Kopf bis Fuß in ihre legendäre schwarz-gelb gestreifte Ausgehuniform gepackt. Ein Muster, das neben den Instrumenten und den Bühnenaufbauten auch den auf dem Plattencover abgebildeten Bus brandmarkte, so dass man das Gesamtbild Strypers als eine Mischung aus Biene Maja und dem A-Team beschreiben könnte.

Doch selbst wenn die christlich-kommerzielle Kaspertruppe sich nicht aufgrund ihres eigenwilligen Outfits eigenhändig zu einem Haufen Witzfiguren degradiert hätte, wäre es spätestens bei einem genaueren Blick auf die ebenfalls recht grotesk zurechtgestylten Köpfe der Musiker – deren musikalische Qualitäten übrigens niemals an das Niveau des seinerzeit von Karel Gott (nomen est omen) gesungenen Biene-Maja-Titelliedes heranreichten – schnell vorbei gewesen mit dem letzten Rest von Glaubwürdigkeit. Schlagzeuger Robert Sweet, ein Bruder des Gitarristen und Sängers Michael, sah nämlich Hals aufwärts der Schauspielerin Heather Thomas (die damals im Fernsehen als Stuntgirl Jody Banks an der Seite von Lee Majors, alias Colt Seavers, in der Fernsehserie *Ein Colt für alle Fälle* der männlichen Jugend den Kopf verdrehte) so unglaublich ähnlich, dass es nur schwer zu fassen war. Er schien ihr tatsächlich wie aus dem Gesicht geschnitten, was in Anbetracht der biblischen Tatsache, dass Eva ja einst aus Adams Rippe geschnitzt wurde, zumindest für so etwas wie den geschlechtsbedingten chirurgischen Ausgleichstreffer gesorgt hätte.

Und die musikalische Lächerlichkeit, dass sie ihr erstes Album *Soldiers Under Command* (unter wessen Kommando da auch heute noch soldatisch gedient wird, hat ja die abscheuliche Becky Fischer in *Jesus Camp* demonstriert) mit einer Coverversion von *Glory, Glory, Halleluja*, die sie als «Battle Hymn of the Republic» deklarierten, abschlossen, hat wohl ebenso wenig zu einem soliden Geisteszustand beigetragen wie die Tatsache, dass sie oftmals während ihrer Konzerte Bibeln ins Publikum warfen.

Natürlich ist es genauso albern auf einem Rockkonzert, anstatt gestreift Gott zu preisen, den Teufel zu beklatschen, denn einer wie der andere ist eine vor Urzeiten ausgeheckte Fantasiegestalt und sollte damit eigentlich keinerlei ernsthaften Einfluss auf den Menschen haben. Aber erstaunlich ist es schon, dass die Öffentlichkeit an mittlerweile vollkommen zu Recht als Klassiker einzuordnenden alten Nummern von Bands wie Black Sabbath, Led Zeppelin oder AC/DC noch immer mehr Anstoß nimmt als an den – wiederum vollkommen zu Recht – in Vergessenheit geratenen, wenn auch mit verzerrten Gitarren aufgemotzten Kirchenschmachtfetzen der frommen Frisurenband Stryper.

Auf sogenannte Black Metal-Bands, die sich weiß getüncht dem Okkulten widmen und deren infantile Texte sich meist auf das gegrunzte Preisen des Gehörnten beschränken, sei hier erst gar nicht ernsthaft eingegangen, da man den debil geröchelten Botschaften auf dem vorpubertären Provokationsniveau eines Ben Becker sowohl akustisch wie auch geistig ohnehin nur schwerlich folgen kann (geheime Rückwärtsbotschaften daher komplett wegfallen, da das Gesamtpaket auch vorwärts nicht zu verstehen ist) und sie dementsprechend mit ihrem ungelenk übergestülpten Image auch kein anderes musikalisches Kasperletheater veranstalten als beispielsweise die national geföhnten Gute-Laune-Helden der nicht weniger teuflischen Volksmusik. Und wo die bleichgeschminkten Black Metal-Männer einer aufgesetzten Untotigkeit noch durch das entsprechende Make-up nachhelfen müssen, da sind ihnen ihre volkstümlichen Kollegen in puncto Optik oft schon einen erheblichen Schritt voraus, bedarf es in der Musikantenscheune doch nur in den seltensten Fällen einer Familienpackung Schminke, um sich als Überlebender des eigenen Todes auszuweisen.

Dass man sich aber gerade in solchen Formaten dennoch immer wieder frisch zu Tode auf- beziehungsweise abbrezelt, mag der Einsicht geschuldet sein, wenigstens das Gröbste an Elend (den angeblich christlichen Gesetzen der Nächstenliebe gehorchend) großflächig zu vertuschen, auf dass sich der Zuschauer nicht allzu sehr erschrecke. Eine Übung, die jedoch etwa die beiden «weinerlichen Wasserleichen» (Zitat: Oliver Kalkofe) des volkstümlichen Schlagerduos Amigos nicht im Geringsten davon abhält, seit Jahren aufs Schrecklichste zu beweisen, dass zumindest eine der christlichen Grundbehauptungen – ein Leben nach dem Tod – nicht nur möglich, sondern zudem auch kommerziell durchaus erfolgreich zu bestreiten ist.

11

Heilige und Schweine

Welchen Einfluss hat der freitägliche Verzehr von Fleisch auf die Besetzungspolitik der Hölle? Was es beim Heiligsprechen zu beachten gilt. Über Biber, Hebräer, Wiederkäuer und die Kosten eines Heiligenscheins.

Wie in jeder anderen Wohngemeinschaft bedarf es auch in der Hölle zum ordnungsgemäßen Gelingen eines harmonischen Miteinanders einer möglichst homogenen Besetzung. Zumal dann, wenn es sich wie bei der christlichen Hölle um eine dauerhafte Endlösung handeln soll. Da ist es natürlich nicht unerheblich, wer dort denn sonst noch so mit einsitzt.

In den vergangenen Kapiteln wurde erklärt, dass unter anderem bereits ein Holzsammeln am falschen Wochentag oder das Fehlen blauer Schnüre auf den Quasten der Zipfel der eigenen Kleidung zu einem Einfahren in die Hölle führen kann. Und wenn man davon ausgeht, dass eine Übung wie das samstägliche Brennholzsammeln in unserer heutigen Zeit aufgrund moderner Heizmöglichkeiten nicht mehr zwingend notwendig ist und daher wohl auch nicht unabdingbar zu einer unterirdischen Besetzungsschwemme führt, so muss gerade die religiöse Unbedarftheit aktueller Modetrends von kirchlicher Seite nur umso kritischer beäugt werden. Und zwar ungeachtet der Tatsache, dass auch die Berufsbekleidung und Uniformen der Priester nur in den wenigsten Fällen blaue Schnüre auf den Quasten der Zipfel aufweisen.

Nun ist einerseits Mode (neben Religion) so etwa das Überflüssigste, was sich der Mensch selbst auferlegt hat, was aber will man andererseits auch von Menschen erwarten, die, egal zu welcher Tages-, Nacht- oder Jahreszeit, Sonnenbrillen hoch oben auf dem Gipfelpunkt ihres Kopfes, weit oberhalb der Augenbrauen drapieren, wo sie, die Brillen, nun wirklich keinerlei ersichtliche Funktion erfüllen und dort wahrscheinlich gerade mal noch dazu taugen, das Vakuum im Schädelinneren wenigstens notdürftig abzuklemmen.

Wer aber sitzt in den Flammen neben einem? Immerhin sind ja, wie bereits ebenfalls in einem früheren Kapitel festgestellt, im Laufe der Menschheitsgeschichte immer mehr Leute tot. Und dementsprechend kann es natürlich schon sein, dass man vor Ort eventuell auch dem ein oder anderen Prominenten begegnet. Doch wie tritt man solchen Kandidaten vernünftig gegenüber? War es doch bereits im Diesseits ein ausgesprochen kniffliges Dilemma, wie man sich bei einem Aufeinandertreffen mit realen Schreckgestalten wie Dieter Thomas Heck, Hella von Sinnen oder den nachnamenlosen Siebtplatzierten aus Castingshows der Jahre 2006–2009 zu verhalten hatte. Hinzu kommt die Frage, in der Hölle welcher Religion man sich denn eigentlich über den Weg läuft, denn das einen dorthin verfrachtende eigene Sündenregister weist ja in den unterschiedlichen konfessionellen Ausrichtungen erhebliche Unterschiede, gerade die Verweildauer betreffend, auf.

So ist etwa die Hölle des Christentums die einzige, die tatsächlich ewig dauert, während die spirituellen Mitanbieter von

Judentum und Islam dem Gegrillten noch immer eine gewisse nachträgliche Läuterung zugestehen, die dann letzten Endes auch wieder zur Erlösung von den Höllenqualen führen kann. Doch wie wird all das eigentlich unter den diversen Religionen geregelt? Kommen beispielsweise gläubige Christen automatisch in die entsprechenden Höllen des Judentums und des Islam, da sie nicht nach den Vorgaben des sie nun fremdkonfessionell verdammenden Gottes gelebt haben?

Natürlich nicht, denn glücklicherweise beinhaltet ja allein die Bibel die einzige ewiglich gültige Wahrheit, während die einzigen ewiglich gültigen Wahrheiten anderer heiliger Bücher nichts anderes sind als absurde altertümliche Mythen, die nicht einmal so offenkundige Tatsachen wie die Dreifaltigkeit des christlichen Gottes anerkennen. Im christlichen Glauben dürften daher Verbrecher wie Osama bin Laden oder dessen Helfershelfer der Terroranschläge vom 11. September in der Hölle schmoren, während sie selbst sich nach den Regeln ihres eigenen Glaubens als Märtyrer in paradiesischen Zuständen und in der Gegenwart von jeweils zweiundsiebzig willigen Jungfrauen wähnen.

Eines selbstverständlich so unwahrscheinlich wie das andere. Vielleicht sollte man sich wertneutral darauf verständigen, das ganze Pack sei einfach tot.

Bleibt die Frage, woher denn besagte Jungfrauen eigentlich kommen beziehungsweise wie attraktiv es für eine ebenfalls tote Jungfrau ist, sich bis in alle Ewigkeit exklusiv mit einundsiebzig Arbeitskolleginnen um die sexuellen Belange eines zerfetzten Märtyrers zu kümmern?

Ist es daher also notwendig, prominente Mitbewohner anderer Konfessionen lediglich aufgrund ihrer historischen Gräueltaten anders zu behandeln als die Unzahl derer, die im Namen des christlichen Gottes Abermillionen von Menschen umgebracht haben?

Zugegeben, eine hypothetische Frage, denn man kann wohl ruhigen Gewissens davon ausgehen, dass selbst Massenmörder wie Hitler, Stalin und diverse Päpste schlicht und ergreifend tot sind und ihre zu Lebzeiten begangenen Taten, so sehr man es sich bei so manchem auch wünschen mag, nach ihrem Tod wohl letztlich ungesühnt bleiben. Und selbst das Zwischenlager des Fegefeuers, aus dem Gott einen nach Gutdünken wieder entlassen kann, wenn man seiner Meinung nach genug gebüßt hat, ist ihnen wohl erspart geblieben. Wobei es schon interessant wäre zu erfahren, ob es denn tatsächlich die einzelnen Anhänger der drei großen Offenbarungsreligionen Christentum, Judentum und Islam konfessionsübergreifend jeweils in die Hölle der beiden anderen spirituellen Mitbewerber schaffen, da sie ja nun mal automatisch als deren Ungläubige herhalten müssen.

Man könnte also theoretisch so gottgefällig leben, wie man wollte, zwei Höllen würden einem bei einer gleichberechtigten Gewichtung der drei monotheistischen Glaubenskonstruktionen mindestens blühen. Eine Überlegung, die zwar den schizophrenen Gesamtüberlegungen so mancher Religion nicht das Wasser reichen kann, die aber dafür der Metamorphose der heiligen Dreifaltigkeit in eine heilige Einfältigkeit nicht im Geringsten im Wege steht. Doch hätte der fremde Gott überhaupt Zugriff auf das entsprechende Leben *nach* dem Tod, wenn der zu Verdammende doch Zeit seines Lebens *vor* dem Tod ausschließlich an einen Arbeitskollegen des strafenden Gottes geglaubt hat? Man weiß es nicht.

Ausschließen kann man in Sachen höllischer Besetzungspolitik von Seiten der katholischen Kirche wohl lediglich die Personalie sogenannter Heiliger, die – so es nach dem klerikalen Knigge geht – niemals Bekanntschaft mit der Hölle machen, geschweige denn sie einmal von innen sehen werden. Die Heiligen sind sozusagen doppelt auf der sicheren Seite, denn zum einen wird man ja nicht so ohne Weiteres und allerlei fromme Taten heiliggesprochen und zum anderen sind sowohl die Hölle wie auch die für sie vorgesehenen Einzugsregeln von kirchlich Gleichgesinnten ausgedacht und wer scheißt schon gerne in den eigenen Garten. Will man also sichergehen, die Hölle als finalen Wohnsitz beim christlichen Einwohnermeldeamt zu vermeiden, sollte man sich vorsichtshalber heiligsprechen lassen. Dumm nur, dass man dazu tot sein muss.

Grundvoraussetzung für eine Heiligsprechung ist nämlich zunächst einmal der Tod des Kandidaten. Eine Übung, die durchaus jedem sauber gelingen kann. Die zweite wichtige Voraussetzung ist die vorherige Seligsprechung, die sogenannte Beatifikation, die man als so etwas wie die kleine Schwester der finalen Heiligsprechung, der Kanonisation, sehen kann. In ihrer Wertigkeit sind die beiden in etwa gleichzusetzen mit einer Art metaphysischer UEFA Europa League (Seligsprechung) und UEFA Champions League (Heiligsprechung). Da es sich dabei um ähnliche Wettbewerbe beziehungsweise Vorgänge handelt, gilt es sich hier der Übersicht halber auf die Champions League der Heiligsprechung zu beschränken, denn was allein in deren Namen an- und aufgeboten wird, übersteigt bereits bei Weitem jegliches Maß an nicht mehr nachzuvollziehendem Schwachsinn.

Die Heiligsprechung ist ein kirchenrechtliches Verfahren der römisch-katholischen Kirche, durch das der jeweilige Stellvertreter Gottes auf Erden, sprich der Papst, nach reiflicher

Prüfung der Sachlage festlegt, ob der Prüfling in Zukunft als Heiliger angebetet werden darf. Um überhaupt in die engere Auswahl oder gar tatsächlich in den Status eines Heiligen befördert zu werden, bedarf es logischerweise einiger gottgefälliger Voraussetzungen.

Eine todsichere Ausgangsposition bietet das sogenannte Martyrium – ein um des eigenen Glaubens willen erduldeter gewaltsamer Tod, so wie ihn für seinen Glauben beispielsweise Osama bin Laden in Kauf genommen hat – oder aber im Falle des Nicht-Martyriums ein heldenhafter religiöser Tugendgrad, wie ihn der verblichene Al-Qaida-Führer zu Lebzeiten wohl ebenfalls für sich eingefordert hätte. Da ist es einmal mehr ein Segen, dass einzig und allein die christliche Bibel die einzige, ewiglich gültige Wahrheit besitzt und dergestalt die nahezu identischen Aufnahmebedingungen und diesbezüglichen Ambitionen eines Herrn bin Laden in die höheren Weihen seiner Religion selbstverständlich – im kompletten Kontrast zu den sachlichen, christlichen Eintrittsvoraussetzungen – nichts als grober Unfug und Aberglaube sind.

Falls es mit dem Martyrium wider Erwarten nicht so recht hingehauen hat, bedarf es zusätzlich des unumstößlichen Nachweises eines lupenreinen Wunders. Und damit sind nicht irdische Wunder, wie der 1954 in Bern mit einem Drei-zu-Zwei-Sieg gegen die schier übermächtigen Ungarn errungene erste Fußballweltmeistertitel einer deutschen Nationalmannschaft gemeint. Zu den tatsächlichen Voraussetzungen schrieb der Kirchenrechtler und Theologe Prof. Dr. Konrad Breitsching in einer Online-Publikation vom 16. Juni 2003 in einem kurzen Überblick über das «Selig- und Heiligsprechungsverfahren der katholischen Kirche»:

«*Die Vorschriften des Verfahrens verlangen ergänzend zu dem bisher Besprochenen für eine Seligsprechung ein durch Experten nachgewiesenes Wunder und den Ruf der Wundertätigkeit (fama signorum) des/der Dieners/in Gottes unter den Gläubigen. Beides wird wie bei der Feststellung des heroischen Tugendgrades bzw. des Martyriums in einer eigenen Untersuchung festgestellt. Für die Heiligsprechung wird ein weiteres Wunder verlangt, das sich nach der formellen Seligsprechung ereignet haben muss. Statistisch gesehen überwiegen in den Verfahren Heilungswunder körperlicher Krankheiten und Gebrechen. Um als Wunder anerkannt zu werden, müssen Heilungen plötzlich und vollkommen sein und eine unheilbare oder schwere Krankheit zur Grundlage haben. Die Heilung muss als Folge der Anrufung des/der Dieners/in Gottes passiert sein. Doch finden sich neben diesen Heilungswundern auch andere Ereignisse, die als Eingreifen Gottes anlässlich der Fürbitte des/der Dieners/in Gottes verstanden werden. So gehörte zu den Wundern, die im Zusammenhang mit der am 6. Juni in Dubrovnik von Johannes Paul II. selig gesprochenen Ordensgründerin Maria Petkovic (1892–1962) untersucht wurden, die unerklärliche Rettung der Besatzung eines gesunkenen peruanischen U-Bootes im Jahre 1988. Der Ruf der Wundertätigkeit wird durch ein Verzeichnis der Gebetserhörungen nachgewiesen. Allerdings stellen nachgewiesene Wunder weder für eine Selig- noch für eine Heiligsprechung eine absolute Notwendigkeit dar. Wesentliche Grundlage einer Selig- bzw. Heiligsprechung ist vielmehr der nachgewiesene heroische Tugendgrad bzw. das Martyrium. Wunder gelten für diese aber als indirekte Bestätigung, weshalb sie in den Verfahren verlangt werden.*»

Und auch das Bistum Regensburg hat im Rahmen seines Internetauftritts in der «Abteilung Selig- und Heiligsprechungsverfahren» allerlei Wissenswertes und Hintergründiges zur eigenen Abteilung zu berichten:

«Die Ausbildung der Seligsprechung als eigenes Rechtsinstitut geht in erster Linie zurück auf Papst Benedikt XIV. (1740–1758). Er hat die im Laufe der Jahrhunderte gewachsene Erfahrung mit kirchlichen Heiligsprechungsverfahren gesammelt und in seinem vierbändigen Werk Opus de servorum Dei beatificatione et Beatorum canonizatione *(1734–1738) vorgelegt. Besonders die darin enthaltene theologische Lehre zur heroischen Tugend, zum Martyrium und den Wundern besitzt bis heute große Aktualität.»*

Und einmal mehr gilt ein jahrhundertealter Kirchenschinken nicht nur in Bezug auf die derzeitige Arbeit der «Abteilung Selig- und Heiligsprechungsverfahren» des Bistums Regensburg noch immer als brandaktuell. Doch auch die aus jüngster Vergangenheit stammenden Modifizierungen des Regelwerks der Selig- und Heiligsprechung machen die Sache nicht weniger wunderlich.

«Das derzeitige Verfahren für Selig- und Heiligsprechungsprozesse stützt sich auf die Bestimmungen der Novae Leges pro Causis Sanctorum *aus dem Jahr 1983, die von Papst Johannes Paul II. erlassene Apostolische Konstitution* Divinus perfectionis Magister, *deren Anliegen die Neuordnung der Kanonisationsverfahren darstellt, sowie die von der römischen Heiligsprechungskongregation im Jahr 2007 im Auftrag von Papst Benedikt XVI. erlassene* Instructio Sanctorum Mater.*»*

Doch es bleibt nicht nur bei theoretischem Geplänkel. Die Regensburger «Abteilung für Selig- und Heiligsprechungsverfahren» (man kann den Namen gar nicht oft genug erwähnen) geht auch in medias res und damit, fernab bürokratischen Zuständigkeitsgeschwafels, zielgerichtet in die gängige Praxis ihrer Tätigkeit.

«Die Seligsprechung Anna Schäffers 1999 stellte einen Höhepunkt in der relativ jungen Geschichte der Abteilung dar. Die zahlreichen Gebetsanliegen und Gebetserhörungen, die der Fürsprache der genannten Heiligsprechungskandidaten zugeschrieben werden, werden aufmerksam gesichtet, bearbeitet und archiviert. Verehrer aus dem gesamten deutschsprachigen Raum, besonders aus dem Bundesgebiet, aber ebenso aus Österreich, der Schweiz und den angrenzenden Nachbarstaaten wenden sich mit Anliegen, Bitten und Bestellungen an die bischöfliche Behörde. Allein die Causa Anna Schäffer kann ca. 20.000 Gebetserhörungen nachweisen.»

Eine fein säuberliche Auflistung diverser Gebetsanliegen und Gebetserhörungen kann in Bezug auf eine Heiligsprechung sicherlich nicht schaden, da der Kanonisation ja auch eine liturgische Bedeutung zukommt, weil der Gläubige mit dem erreichten Heiligenstatus des Auserwählten – wahrscheinlich zeitgleich mit der amtlichen Aushändigung von dessen Gloriole (des Heiligenscheins) – nun nicht mehr *für* den frisch ernannten Heiligen, sondern *mit* ihm um seine Fürsprache bei Gott betet.

Ein weiteres prima Argument zur Erlangung der Heiligkeit sind göttliche Visionen, die sich freilich ebenso schwer nachweisen lassen wie alle anderen mutmaßlichen Wunderindizien und gerade daher immer wieder gerne als besonders überirdisch herangezogen werden. Dass bei diversen Erscheinungen allerdings auch durchaus irdische Hintergründe die Ursache für allerlei prächtige Bilder und Farben gewesen sein könnten, zeigt das Beispiel der Visionen einer im frühen 12. Jahrhundert lebenden Benediktinerin, der späteren heiligen Hildegard von Bingen, die Stimmen hörte und Lichterscheinungen am

Himmel sah. Wie man heute weiß, galt die heilige Hildegard als ausgewiesene Kräuterspezialistin, die unter anderem auch um die vielseitig stimulierende Wirkung der Alraune wusste und sicherlich auch ein wenig damit experimentierte. Das Wunder ihres heiligen Lichtersehens und Stimmenhörens dürfte daher den Visionen einer Janis Joplin wohl recht nahe gekommen sein.

Und wenn alle Voraussetzungen erfüllt sind – und auch die in letzter Instanz zum finalen bürokratischen Amen von der Kirche zur (im wahrsten Sinne des Wortes) Scheinwahrung benötigten, selbst inszenierten Placebo-Argumente, die eventuell gegen die entsprechende Kanonisation sprechen, von einem bis zum Jahre 1983 tatsächlich noch Advocatus Diaboli (lat. «Anwalt des Teufels», heute Promotor Justitiae, «Förderer der Gerechtigkeit») betitelten internen Auftragszweifler, vorgetragen und dann gemeinschaftlich abgeschmettert werden konnten – spricht der Papst, nach Absegnung (und damit dem rhetorischen Ende der Seligkeit zugunsten einer frisch zu verschleudernden Heiligkeit) aller vorliegenden Beweise, im gewohnt bescheidenen Pluralis Majestatis die magische Kanonisationsformel. Und allein die Wahl des Pluralis Majestatis zeugt bereits von einem eins a schizophrenen Realitätsverlust, der sich im Laufe der Zauberformel auch nicht wirklich legen mag.

«Zu Ehren der allerheiligsten Dreifaltigkeit, zum Ruhm des katholischen Glaubens und zur Förderung des christlichen Lebens entscheiden wir nach reiflicher Überlegung und Anrufung der göttlichen Hilfe, dem Rat vieler unserer Brüder folgend, Kraft der Autorität unseres Herrn Jesus Christus, der heiligen Apostel Petrus und Paulus und

in der Vollmacht des uns übertragenen Amtes, dass der/die selige N. ein(e) Heilige(r) ist. Wir nehmen ihn/sie in das Verzeichnis der Heiligen auf und bestimmen, daß er/sie in der gesamten Kirche als Heilige(r) verehrt wird. Im Namen des Vaters und des Sohnes und des Heiligen Geistes.»

Doch neben der offenkundigen geistigen Verwirrung der Verantwortlichen hat das Ritual der Heiligsprechung auch noch einen ausgesprochen handfesten und lukrativen Hintergrund. Während des von 1978–2005 dauernden Pontifikats seiner Heiligkeit Papst Johannes Paul II. bearbeiteten die zuständigen Gremien beispielsweise allein im Jahr 1997 circa eintausendfünfhundert Fälle von Selig- und Heiligsprechung. Und da für das päpstlich abgesegnete Überprüfen der mutmaßlichen Heiligkeitsbeweise des verstorbenen Probanden von dessen Befürwortern (meist Diözesen oder Orden) die winzige Bearbeitungsgebühr von umgerechnet bis zu 250.000 Euro zu entrichten war, hat das Kanonisationsgeschäft dem Vatikan innerhalb eines Jahres schlappe dreihundertfünfundsiebzig Millionen Euro (in Zahlen 375.000.000 Euro) eingefahren. Kein schlechter Schnitt, wenn man bedenkt, was das alles doch für ein unglaublicher Unsinn ist.

Allerdings ist die Zahl vielleicht tatsächlich etwas zu hoch gegriffen, da es ja bisweilen auch schon mal unter einer Viertelmillion pro Antrag zu packen war, und in manchen Fällen auf einen bei der Kongregation eingerichteten Fond zurückgegriffen wurde, damit auch ärmeren kirchlichen Vereinen ein entsprechendes Verfahren ermöglicht werden konnte. Womit in der absoluten Monarchie des Vatikans den Leichtgläubigen immerhin ein winziger Restbestand von Demokratie vorgegaukelt werden kann. Aus welchen Mitteln sich dieser Fond speist, möchte man lieber gar nicht wissen, sind doch gerade in jüngerer Vergangenheit immer wieder fragwürdige geschäftliche Machenschaften der katholischen Kirche, etwa in Sachen pornografischer Druck-Erzeugnisse aufgeflogen. Den nicht minder daueraktuellen Missbrauchsskandal rund um die katholische Kirche ebenfalls als das Resultat eines gewissen fleischlichen Drucks zu bezeichnen, verbietet sich an dieser Stelle von selbst.

Und wenn hier schon von weltlichen Bedürfnissen die Rede ist, dann kommt man nicht umhin, auch einmal einen Blick auf die wunderlichen religiösen Essensregeln zu werfen, wobei es im Falle eines Höllenaufenthaltes ohnehin schon zu spät ist und man auch weiterhin essen kann, wonach einem der ketzerische Sinn steht beziehungsweise eben das zu essen hat, was der Teufel auf den Tisch bringt. Wahrscheinlich hauptsächlich Scharfes.

So schließt beispielsweise die Tatsache, dass im Hinduismus aus den unterschiedlichsten Gründen heraus die Kuh verehrt, wenn auch nicht angebetet wird, das Tier für den gläubigen Hindu als Speiseoption komplett aus und soll hier auch gar nicht weiter Thema sein. Allerdings spielt die bei falschem Essen anvisierte Hölle im Hinduismus auch keine so zentrale Rolle, wie sie bei groben Vernachlässigungen das katholische Strafgericht für sich in Anspruch nimmt. Erwähnt wird hier die vom indischen Teller verbannte Kuh auch nur, weil sich der hungrige Katholik, ob eines solch abergläubischen Tabus, vielleicht ein mitleidiges Lächeln aus dem Gesicht bügelt, doch sollte er aufpassen, dabei nicht an der eigenen Nase hängen zu bleiben, denn auch die katholische Kirche schießt bei ihren Tischregeln so manchen kapitalen Bock.

So zählt dort etwa der Freitag als Fastentag, weil Jesus an einem Freitag gekreuzigt wurde und man zum Gedenken an dessen Leiden auf das Genussmittel Fleisch verzichtet. Eine Regel, die für den Karfreitag, den vermeintlichen Jahrestag der Kreuzigung, natürlich noch ein wenig verbindlicher ist. Welches Fleisch aber überhaupt gegessen oder eben nicht gegessen werden darf (gläubigen Juden und Moslems verbietet deren jeweiliges heiliges Buch bekanntermaßen Schweinefleisch), ist auch in der katholischen Kirche wiederum in deren heiligem Buch recht deutlich angemahnt. Obwohl auch im 3. Buch Mose 11, 7 erklärt wird, dass man besser die Finger vom Schwein lassen soll, weil es «zwar ein Vielhufer mit durchgespaltenen Klauen, aber kein Wiederkäuer» ist, wird im Christentum auch munter Schwein verputzt, denn im Neuen Testament erteilt Jesus, obwohl er Jude war, im Matthäus Evangelium (Kapitel 15, 11) den zukünftigen christlichen Essgewohnheiten gewohnt kryptisch so etwas wie einen allgemeingültigen Persilschein:

«Was zum Munde eingeht, das verunreinigt den Menschen nicht; sondern was zum Munde ausgeht, das verunreinigt den Menschen.»

Hat der Sohn in Bezug auf die Speisekarte also mehr zu sagen als der Vater? Da Gott ja bekanntlich ein recht rachsüchtiger und eifersüchtiger Vertreter war, hätte er dergleichen lukullisch Aufsässiges wahrscheinlich niemals zugelassen. Erstaunlich genug, dass der Alte die Kalenderblattweisheiten des Filius wohl nachträglich noch akzeptierte, waren seine damaligen väterlichen Anweisungen doch mehr als deutlich:

«Und der Herr redete zu Mose und Aaron und sprach zu ihnen: Redet mit den Kindern Israel und sprechet: Das sind die Tiere, die ihr von

allem Vieh auf Erden essen dürft. Alle Vielhufer, die ganz gespaltene Klauen haben und wiederkäuen, dürft ihr essen. Aber von den Wiederkäuern und Vielhufern sollt ihr die folgenden nicht essen: das Kamel; denn obschon es wiederkäut, hat es doch keine gespaltenen Klauen; darum soll es euch unrein sein. Desgleichen der Klippdachs; denn obschon er wiederkäut, hat er doch keine gespaltenen Klauen; darum ist er euch unrein. Auch der Hase, der zwar wiederkäut, aber er hat keine gespaltenen Klauen; darum ist er euch unrein. Ferner das Schwein; es ist zwar ein Vielhufer mit durchgespaltenen Klauen, aber kein Wiederkäuer, darum ist es euch unrein.» (3. Buch Mose, 11)

Was Gott jedoch ausgerechnet für einen Narren an durchspaltenen Hufen und Wiederkäuern gefressen hatte, bleibt ebenso ein Rätsel wie die von ihm verbotenen Ausnahmen. Allerdings wird er sich beim Erschaffen der Fauna in der Schöpfungswoche sicherlich seinen Teil gedacht haben, als er die verschiedenen Verdauungsapparate in den unterschiedlichen Modellen installierte. Gleiches gilt wohl auch für die Beschaffenheit der Hufe. Zur Unfehlbarkeit der Bibel sei hier angemerkt, dass der Hase selbstredend alles andere als ein Wiederkäuer ist, wobei spitzfindige Gläubige ihm dennoch ungelenk artverwandte Eigenschaften (immerhin isst er, also der Hase, zuweilen seinen eigenen Kot) attestieren, nur um sich dann ebenso diebisch wie vollkommen sinnfrei darüber zu freuen, dass der allwissende Gott von derlei Übungen naturgemäß schon früher wusste als die an einer sauberen religiösen Auslegung nur mäßig interessierte Wissenschaft.

Doch auch und gerade in Sachen Essensregeln bleiben die Wege des Herrn eben wie in vielen anderen Bereichen auch unergründlich. Und dass die vorgeschichtlichen Hebräer, die zu Anfang des zweiten Jahrtausends vor unserer Zeitrechnung – also zweitausend Jahre nachdem der Schöpfer die Erde erfunden hatte – an das Leben in den zerklüfteten und spärlich besiedelten Trockenzonen zwischen den Flusstälern Mesopotamiens und Ägyptens gewöhnt waren, sich nicht ernsthaft der Schweinezucht widmeten, hat eher mit den seinerzeitigen ökologischen und ökonomischen Begebenheiten, denn mit dem tatsächlichen Wort eines Gottes zu tun. Bis sie im 13. Jahrhundert v. Chr. begannen, das Jordantal in Palästina zu besiedeln, lebten die Hebräer fast ausschließlich von ihren Schaf-, Ziegen- und Rinderherden. Und das aus gutem Grund, denn für sie als Hirtennomaden wäre es in den wasserarmen Lebensräumen viel zu aufwendig und kompliziert gewesen, Schweine zu halten.

Erschwerend hinzu kam, dass Schweine zwar Allesfresser sind, sich aber dummerweise am besten entwickeln, wenn ihr Futter aus zellulosearmer Nahrung, wie etwa Nüssen, Früchten und Getreide, besteht. Allesamt Mahlzeiten, die sie im Hinblick auf ihre Ernährung zu einem direkten Konkurrenten des Menschen machten. Und die nur in einem ausgesprochen überschaubaren Rahmen vorhandene Nutzbarkeit des Schweines war sicherlich auch nicht dazu geeignet, sich mit großer Begeisterung ein Tier zu leisten, dass lediglich als Fleischlieferant diente, aber ansonsten nichts zu bieten hatte.

Denn auch wenn sich die Hirtennomaden mit der Erschließung neuer Lebensräume in einer Art Mischwirtschaft auch zusätzlich dem Ackerbau verschrieben, wurde doch von ihren Haustieren ein veritables Portfolio an gemeinnütziger Arbeit und Produktion verlangt. Milch, Käse, Dung, Textilfasern, Häute und nicht zuletzt (bei Rindern) die Zugkraft für die zunehmende Feldarbeit. Ein Tier, das mit erheblichem Aufwand ausschließlich wegen seines Fleisches gezüchtet wurde – und zudem denkbar ungeeignet für einen Viehtrieb über größere Strecken war –, dürfte dementsprechend in den Regionen, in denen die drei abrahamitischen Religionen ihren Ursprung haben, seinerzeit als nur wenig rentabler Luxusartikel gegolten haben.

Da der Mensch aber naturgemäß ein wenig obrigkeitshörig ist, wurde sicherheitshalber wieder einmal der erhobene Zeigefinger einer höheren Macht bemüht, um die Gläubigen von der Versuchung des Schweineverzehrs abzuhalten, obwohl es eigentlich für jeden offensichtlich sein musste, dass unter den damaligen Umständen die Schweinezucht für die Ökosysteme eher blöd war. Der Anthropologe Marvin Harris schreibt dazu in seinem Buch *Fauler Zauber* im Kapitel «Liebhaber und Verächter des Schweins»:

«Den Menschen fällt es immer schwer, solchen Verführungen aus eigener Kraft zu widerstehen. Und deshalb musste Jahwe bezeugen, dass Schweine etwas Unreines waren, nicht nur als Nahrung, sondern überhaupt jeder Kontakt mit ihnen. Allah ließ sich aus den gleichen Gründen ebenfalls in diesem Sinne vernehmen. (...) Es war also besser, man untersagte den Verzehr von Schweinefleisch pauschal und beschränkte sich auf das Halten von Ziegen, Schafen und Rindern.»

Wem diese Erklärung ein wenig zu weit hergeholt wirkt, der kann natürlich gerne einmal mehr auf die bodenständigen Ausführungen der Kollegen von bibelpraxis.de zurückgreifen, die unter der Rubrik «Gespaltene Hufe und Wiederkäuer» zu beiden Bereichen eine gewohnt solide Meinung protegieren:

«a) Die Hufe der Tiere erinnern uns an den Wandel. Diese Hufe sollten gespalten sein. Das lässt uns daran denken, dass der Lebenswandel

eines Christen von dieser Welt und ihren Grundsätzen getrennt sein sollte. Das Neue Testament versteht unter dem Wandel das ganze Verhalten des Christen, sein Benehmen, sein Reden. Der Lebenswandel ist das, was nach außen sichtbar ist und was von anderen – seien sie gläubig oder ungläubig – wahrgenommen wird.

b) Das Wiederkäuen spricht von der Art und Weise der Nahrungsaufnahme. Es lässt uns an den natürlichen Prozess des Verdauens der aufgenommenen Speise denken. Die Speise des Christen ist das Wort Gottes, so dass es hier also um die Frage geht, wie wir Gottes Wort innerlich verarbeiten; wie wir es lesen, aufnehmen und wie wir es uns zu eigen machen.»

Doch als metaphysische Speise des Christen wird das Wort Gottes keineswegs auf einem vegetarisch gedeckten Tablett serviert, sondern vielmehr garniert mit der Beilage der im Namen Gottes niedergemetzelten Kadaver der Ungläubigen und des rauchigen Fleischgeruchs der Scheiterhaufengrills. Eine Hauptspeise, deren Ungenießbarkeit auch heute noch von Seiten der Kirche nicht einhellig als kollektiv überwürzte Sättigungsbeilage abgelehnt wird.

Und dass die katholische Kirche in Sachen willkürlicher Regelauslegung schon immer mit einem zweischneidigen Schwert filetierte, zeigt nicht zuletzt deren Küchenkniff, zur Auflockerung des Fastengebots vor einigen hundert Jahren den Biber, aufgrund der Hornhautstruktur von dessen Schwanzkelle, kurzerhand zum Fisch zu erklären, da Fisch ja bekanntlich ohne jenseitige Repressalien zu jeder Zeit verputzt werden durfte. Vielleicht wurde dabei sogar Gottes Energie-Maxime «Es werde Licht» branchenübergreifend zweckentfremdet mit einem biberfeindlichen «Es werde Fisch». Seltsam genug, da der Fisch doch ein wichtiges Symbol der Christenheit darstellt. Oder wird durch seinen Verzehr – ähnlich wie im symbolisch kannibalischen Rahmen der Eucharistiefeier die Hostie als Leib Christi und der Wein als dessen Blut herhalten muss – lediglich das Wort Gottes verinnerlicht? Selbst bibelpraxis.de warnt vor einer gewissen Scheinheiligkeit:

«Nach außen hin sieht alles korrekt aus. Unser Verhalten scheint tadellos zu sein. Unseren Glaubensgeschwistern gegenüber sind wir vorbildlich. Wir versäumen keine Zusammenkunft, wir führen uns ordentlich und halten uns vom Treiben der Welt fern.»

Ein Zugeständnis der eigenen Weltfremdheit, dem eigentlich nichts hinzugefügt werden müsste, würde nicht auch hier noch sauber ein Nachschlag auf den Tisch gezaubert:

«Daraus lernen wir, dass es sehr bedeutsam ist, wie wir unseren inneren Menschen nähren. (…) Deshalb bietet Satan uns genügend Ersatznahrung an, um uns den Geschmack an Gottes Wort zu nehmen. Schädliche Literatur, Zeitschriften mit fraglichen Bildern und andere weltliche Medien beeinflussen nach und nach unser Denken.»

Dem ist allerdings in Sachen eigenverantwortlichen Selberdenkens tatsächlich kaum noch etwas nachzutragen. Vielleicht gerade noch: *«Geheiligt werde Dein Name, Dein Reich komme, Dein Wille geschehe.»*

12

Geht das wieder ab?

Wie heiß ist die Hölle wirklich? Über die letzte Ausfahrt Ablasshandel, ausgetauschte Sagengestalten und das Verfallsdatum eines religiösen Wahnsystems. Was haben RTL und die Kirche mit Glaube und Vernunft zu tun? Die Avantgarde der Nachhut und wie man uns in tausend Jahren auslachen wird.

Die Wege des Herrn sind ja in Ermangelung rational nachvollziehbarer Richtungsanzeigen bekanntermaßen unergründlich. Ein unanfechtbares Privileg, das sich allerdings nur dann in Anspruch nehmen lässt, wenn man einzig und allein seiner eigenen Ideologie das Vorrecht gewährt, sich außerhalb der Grenzen eines sachlichen Diskurses zu bewegen.

Ganz im Gegensatz zu den nur allzu offensichtlichen Eselsbrücken moderner Medien, in deren Natur es zwar ebenfalls liegt, dem potentiellen Publikum mit irrationalen Hilfestellungen einen eigentlich nicht vorhandenen Zusammenhang zwischen diesem und jenem vorzugaukeln, die sich dabei aber wenigstens auf weltliche Themengebiete beschränken. Besonders gerne wird beispielsweise bei der Fernseh-Berichterstattung von Fußballspielen das Wort *ausgerechnet* verwendet, mit dem man sich mehr schlecht als recht bemüht, ein Geschichtchen oder eine vermeintlich sensationelle, das Spielgeschehen nur am Rande betreffende Begebenheit so aufzubauschen, dass der Zuschauer darin einen wie auch immer gearteten Zusammenhang zum eigentlichen Geschehen vermutet.

Meist wird das «ausgerechnet» in Verbindung mit einem einzelnen Spieler der jeweiligen Partie verbraten, der *ausgerechnet* gegen seinen ehemaligen Verein das entscheidende Tor geschossen hat oder der *ausgerechnet* bei seinem Comeback nach längerer Verletzungspause auf seinen ehemaligen E-Jugend-Trainer trifft oder *ausgerechnet* gegen *den* Verbandsligisten seine dritte gelbe Karte bekommt, dessen stellvertretender Zeugwart einen ähnlichen Vornamen hat wie der Stiefbruder eines Nachbarn des entsprechenden Spielers. Das eine wie die anderen nur eher so mittel-reißerische Sensationen. Mit anderen Worten: Kein Ereignis scheint mickrig genug, um es nicht ungelenk mit einem *ausgerechnet* zur Meldung aufzublasen.

Wenn man allerdings *ausgerechnet* den mittelalterlichen Dogmen einer Religion, samt den mit ihnen einhergehenden Verwirrungen, auch heute noch Aktualität – und damit gleichsam Bedeutung für einen aufgeklärten Menschen – attestiert und deren Vertreter sich dabei als einziges Universalargument noch immer allein auf die unumstößliche Wahrheit eines über Jahrhunderte zusammengestückelten heiligen Buches berufen (aber auf was auch sonst?), dann kann einem schon angst und bange werden, welchen Einfluss die Vertreter solcher hanebüchener Thesen noch immer auf den modernen Alltag haben. Als zum Beispiel Papst Benedikt XVI. am 22. September 2011 den deutschen Bundestag mit einer Rede heimsuchte, erkannte der Schriftsteller Wolfgang Herrndorf in seinem Internet-Blog:

«Dass eine Gesellschaft es sich leisten kann, eine Millionenstadt einen Tag lang lahmlegen zu lassen durch den Besuch eines Mannes, der eine dem Glauben an den Osterhasen vergleichbare Ideenkonstruktion als für erwachsene Menschen angemessene Weltanschauung betrachtet, ist erstaunlich.»

Ob es in einer rundum aufgeklärten Welt anders zugehen würde und es sich etwa die katholische Kirche – so es sie dann noch gäbe – auch dort noch fünfundzwanzig bis dreißig Millionen Euro kosten lassen würde, ihr Oberhaupt zum Kurzbesuch nach Deutschland zu verfrachten, sei einmal dahingestellt. Doch wie im vorangegangenen Kapitel beschrieben, sind derlei finanzielle Kinkerlitzchen so oder so allein durch die Gewinne mit dem «Heiligsprechungsgeschäft» schnell wieder vom klerikalen Dachverband eingefahren und dementsprechend aus der heiligen Portokasse zu berappen. Und auch dem ewigen Argument der Nörgler, die Kirche verschleudere zu viel Geld für ihre missionarischen Dienstreisen, anstatt ihr Engagement für die Bedürftigen zu erhöhen, wurde im Rahmen des jüngsten Papstbesuchs souverän der Wind aus den Segeln gesogen, da die deutsche Bischofskonferenz vorab ankündigte, zeitgleich für die Hungernden in Ostafrika sammeln zu wollen.

Wieder einmal mussten die zur anonymen Profilierungsmasse der eigenen moralischen Überlegenheit gestutzten Hungernden in Afrika als Dauerargument der Empörten herhalten, dem wie üblich (neben einer kurzzeitigen Medienpräsenz, die aber leider nicht satt macht) nur wenig Nahrhaftes folgte und von der aufgesetzt altruistisch postenden Facebook-Generation – als der Papst dann wieder weg war – auch in Sekundenbruchteilen abgehakt wurde, als es wieder neue witzige Youtube-Clips, Bilder vom letzten verrückten Spaziergang im

Regen (ohne Schirm!) oder ganz allgemein «die da oben» zu kommentieren galt. Die Welt ist eben leider nicht gerecht und war es nie. Wenn wir in einer gerechten Welt leben würden, dann wäre Michelle Hunziker nicht ins Zeitalter des Tonfilms geboren worden. Und solange der Satz «In god we trust» auf der Dollarnote zu lesen ist, kann man nicht einmal von einer aufgeklärten Gesellschaft sprechen.

Allerdings wird ja bekanntlich ohnehin nichts so heiß gegessen, wie es zuvor gekocht wurde. Könnte es also sein, dass sich am Ende *ausgerechnet* die Hölle als gar nicht so wahnsinnig schlimm entpuppt, wie das seit Jahrhunderten von der Kirche zusammenfantasiert wird?

Ein durchaus vernünftiger Gedanke, denn nach allem, was man heute so weiß – und wie es bereits seit der ersten Seite dieses Buches ein wenig durchschimmert –, scheint es die Hölle überraschenderweise gar nicht zu geben. Weder gab es jemals eine, noch wird es jemals eine geben, außer jener, die sich Menschen selbst zurechtgelegt, ausgeheckt oder vorgeschummelt haben, um allzu Leichtgläubigen bei Nichtachtung ebenso willkürlicher wie grotesker Verhaltensregeln ein post mortem zu bewohnendes Schreckensszenario anzudrohen. Alles in allem ausgesprochen unsympathische Mafiamethoden, mit denen da versucht wird, die vielschichtig gelagerten Interessen der Verwalter eines uralten Mythos durchzuboxen. Doch wenn es wider Erwarten eine Hölle gäbe, wie heiß würde dann tatsächlich darin gegessen oder vielmehr in deren Schwefelpool gebadet? Fragen, die wie immer nur die auf Ewigkeiten unfehlbare Wahrheit der Bibel zu beantworten vermag. So weiß die Offenbarung des Johannes (Kapitel 21, 8) zu berichten:

«Die Feigen aber und Ungläubigen und Frevler und Mörder und Unzüchtigen und Zauberer und Götzendiener und alle Lügner, deren Teil wird in dem Pfuhl sein, der mit Feuer und Schwefel brennt (...).»

Über die Besetzung der Hölle wurde in früheren Abschnitten ja bereits ausführlicher eingegangen, wobei man auch an dieser Stelle nicht unterschlagen sollte, dass es neben all den Feigen, Ungläubigen, Frevlern, Mördern, Unzüchtigen, Zauberern, Götzendienern und Lügnern (eine Auflistung, die sich liest, wie die Einstellungsvoraussetzungen für einen Job in der katholischen Kirche) in der Hölle eben auch von Insassen, die einfach nur zum falschen Zeitpunkt Holzsammeln waren oder deren Gewändern es an blauen Schnüren auf den Quasten der Zipfel mangelte, sicherlich nur so wimmelt.

Doch wenn man der Wahrheit der Bibel, und in diesem Fall speziell den indirekt gelieferten höllischen Rahmenbedingungen in der Offenbarung, Glauben schenkt, ist die Frage nach der Temperatur der Hölle recht schnell geklärt, wie die beiden spanischen Professoren Jorge Mira Pérez und José Vina bereits 1998 herausfanden und im Campus-Magazin der Universität von Santiago de Compostela veröffentlichen. Da im Feuersee des Teufels auch Schwefel brennt, dürfte die Zimmertemperatur der Hölle etwa dem Siedepunkt des Schwefels entsprechen, der bei knapp 450 Grad Celsius liegt. Wäre die Temperatur der Umgebung niedriger, würde der Schwefel erstarren und es wäre mit dem Badespaß genauso vorbei wie bei einer höheren Umgebungstemperatur, da der Schwefel dann verdampfen würde. Damit wäre jedoch nicht nur die Frage nach der Höllenhitze geklärt, sondern nebenbei sogar noch deren Lage, denn die geologischen Schichten, die zu einer Verflüssigung von Schwefel notwendig sind, liegen in circa vierzehneinhalb Kilometer

Tiefe. Und welcher moderne Gläubige will die Wahrheit der Bibel, zumal in Verbindung mit wissenschaftlichen Weisheiten, infrage stellen?

Wer sich bereits zu Lebzeiten davon überzeugen möchte, wie sich 450 Grad Celsius anfühlen, der sollte einmal einen längeren Blick in die Augen der italienischen Schauspielerin Monica Bellucci wagen, wer es hingegen eher frostig mag und sich für minus 450 Grad Celsius interessiert, dem sei diesbezüglich Nina Ruge empfohlen.

Wie aber passen religiöser Glaube und rationale Vernunft überhaupt zusammen, wenn man tatsächlich von einem 450 Grad heißen, vierzehneinhalb Kilometer unter der Erdoberfläche lauernden Ort ausgeht, an dem Tote wegen eines freitags gegessenen Schnitzels oder vorehelichen Geschlechtsverkehrs bis in alle Ewigkeit gefoltert werden? Die kurze und knappe Antwort lautet: gar nicht. Die etwas längere Version: ganz und gar nicht.

Natürlich kann man nicht abstreiten, dass Glaube vielen Millionen Menschen ein Gefühl von Sicherheit, Geborgenheit, Trost und Hoffnung vermittelt. Aber allein der bloße Glaube daran macht die Hypothese, dass tatsächlich irgendwo ein Gott existiert, der sich schon um einen kümmern wird, nicht zwingend glaubhafter. Wenn man daran glauben würde, dass im eigenen Garten ein wertvoller Piratenschatz versteckt wäre, gäbe einem das sicherlich auch ein gewisses Gefühl von Sicherheit und Hoffnung. Dummerweise gibt es aber nichts, was diesen Glauben, sei es an einen Gott oder eben an einen Piratenschatz im Garten, auch nur annähernd rechtfertigen würde. Gottes Existenz «beweist» lediglich ein heiliges Buch, von dem allen Ernstes behauptet wird, dass dessen Inhalt nach den höchstpersönlichen Vorgaben des Schöpfers des Universums zusammengetragen und niedergeschrieben wurde. Vor einem Gericht – es sei denn dem Jüngsten – käme man damit sicherlich nicht durch. Wahrscheinlich ebenso wenig wie mit dem Antrag auf eine juristische oder notarielle Beglaubigung, dass aufgrund eines geheimnisvollen, jahrhundertealten Buches die Existenz eines bis dato nur noch nicht gefundenen Gartenschatzes einwandfrei bewiesen sei und dem Antragsteller damit bei jeder beliebigen Bank anstandslos Kredite in Höhe von mehreren Millionen Euro gewährt werden können.

Wobei eine solche Piratenschatzkarte wahrscheinlich historisch noch um einiges fundierter einzuordnen wäre als das Dokument des Schöpfers. Selbst ein als authentisch zu bewertendes Schatzbuch würde – auch wenn es inhaltlich tausendmal glaubwürdiger wäre als ein heiliges Buch – nicht die Existenz des darin beschriebenen Schatzes beweisen, sondern lediglich die des Buches. Und niemand hat je bestritten, dass die Bibel tatsächlich existiert.

Und auch im Schlusskapitel dieses Buches gilt es abschließend noch einmal festzuhalten, dass es hier keinesfalls darum geht, jeden gläubigen Menschen zum rückständigen Vollpfosten zu degradieren, sondern einzig und allein darum, die absurde Lächerlichkeit religiöser Dogmen darzustellen, denn letzten Endes kann sich der Gläubige (egal welcher religiösen Ausrichtung) nur auf die einzige und alleinige, mutmaßlich unumstößliche Wahrheit seiner jeweiligen heiligen Schrift berufen. Und von solchen Büchern gibt es nun mal mindestens drei, was nichts anderes bedeutet, als dass zwei schon mal nicht stimmen können. Im Falle der Bibel beruft man sich auf ein Buch, das beginnend vor knapp zweitausend Jahren über Jahrhunderte von Menschen zusammengetragen und aufgestockt wurde, deren damalige Kenntnisse über die Beschaffenheit der Welt heute jedem Grundschulkind die Fremdschamesröte ins Gesicht treiben würden.

Und einmal mehr: jeder, wie er mag – denn positive Dinge wie Trost und Hoffnung, die der Glaube immer wieder gerne für sich beansprucht und die ihm auch keinesfalls abgesprochen werden sollen, sind natürlich durchweg ausgesprochen begrüßenswerte Kriterien, doch heben sie den Kern und Hintergrund des Glaubens ja nicht über den eines kollektiven metaphysischen Placebo-Effekts. Und nur deshalb hat Religion so lange überlebt; weil sie sich anmaßt, ihre rationale Unberührbarkeit gegenüber jeder wissenschaftlichen Erkenntnis komplett abzuschirmen und dementsprechend für sachliche Argumente schon seit Hunderten von Jahren nicht mehr erreichbar ist.

Schlimmer noch – jedem, der sich den wirren Theorien und blutgetränkten Rachefeldzügen, dem grotesken Verhaltenskodex und damit der einzig gültigen Wahrheit eines heiligen Buches verweigert, dem wird nach dessen Tod ein reichlich mieses, dafür aber ewiges Leben in der Hölle prophezeit.

Zum Thema Glaube und Vernunft hat sich Ende des Jahres 2010 auch der Medienbeauftragte der Evangelischen Kirche, Markus Bräuer geäußert. Zugegeben, sich ernsthaft mit dem seinerzeit vom TV-Sender RTL unters hirnlose Volk geschleuderten Hokuspokus *Das Medium*, in dessen groteskem Verlauf ein jämmerlich agierendes Witzfigurenduo mit der Tiefgründigkeit eines Suppentellers ungelenk Kontakt zu Toten vorschummelt, zu beschäftigen, war mehr als müßig, da es sich dabei sogar für RTL-Verhältnisse um ein besonders verachtenswertes Schmierentheater handelte. Viel interessanter und um einiges bedenklicher war hingegen Markus Bräuers

Kommentar zum ausgerechnet auf den Reformationstag gepackten Sendetermin des «Mediums».

Besagter Feiertag stünde nämlich, wie Herr Bräuer damals in der Leipziger Volkszeitung zu bedenken gab, für die «Verbindung von Glaube und Vernunft», und außerdem sei «eine Hellseherin, die behauptet, Kontakt zu Toten aufnehmen zu können, im 21. Jahrhundert überholt». Im Eifer des Empörens über die offensichtliche Unsinnigkeit einer solchen Übung wurde dabei aber wohl die Kleinigkeit übersehen, dass ja auch die evangelische Kirche durchaus an ein Leben nach dem Tod glaubt – wenn auch an keines, zu dem man Kontakt über Laiendarsteller von RTL herstellen kann.

Wo der spirituelle Unterschied zwischen dem Fernseh-Unsinn und dem flächendeckend überholten und dennoch nimmermüde grassierenden fiktiven Firlefanz einer christlichen Kirche liegt, ließ Herr Bräuer bedauerlicherweise unbeantwortet. Mal abgesehen davon, dass RTL sich durch Werbeeinnahmen und die Kirche sich – trotz ihrer gesetzlich verankerten Trennung vom Staat – zu großen Teilen durch die öffentliche Hand und damit auch durch konfessionslose Steuerzahler finanziert und dadurch quasi auch noch zu einem öffentlich-rechtlichen Unfug brandmarkt. Und dass die Kirche das Geld der Ungläubigen noch nie ablehnte, zeigt ja die nicht nur an diesbezüglichen Beispielen nicht gerade arme Geschichte der katholischen Kirche. Doch am schamlosesten raffte sie noch immer den Schotter ihrer Schäfchen. Stichwort Ablasshandel.

So war etwa bis zum Ende des 16. Jahrhunderts der Ablasshandel eine lukrative Möglichkeit, sich durch das schlechte Gewissen und nicht zuletzt durch die von der Kirche geschürte Angst der Gläubigen vor dem drohenden Höllenfeuer ohne größeren Aufwand bestens zu bereichern. Durch ein bestimmtes «frommes Werk», wie Wallfahrten, Pilgergänge, vor allem aber schlicht durch Bares wurden dem Sünder von Seiten der Kirche in einem klerikalen Gnadenakt und im Namen des Herrn allerlei Sündenstrafen erlassen. Allein das Begucken von Reliquien, sprich vermoderten Körperteilen oder Gegenständen aus dem angeblichen persönlichen Besitz eines Heiligen, konnte beispielsweise schon zu hundert Tagen weniger Fegefeuer führen. Weil nur wenige Leute das Geld hatten, sich von ihren Sünden freizukaufen, entstand recht schnell ein Übermaß an entsprechenden Reisezielen, was zur Folge hatte – da sich natürlich möglichst viele Ausstellungsorte mit den vermeintlichen Reliquien schmücken wollten –, dass es nicht wenige Heilige gab, deren über Dutzende von Orten verteilte Brocken (zum Beispiel Unterarmknochen oder Schienbeine) vermuten ließen, dass der entsprechende Heilige zu Lebzeiten wohl bis zu hundert Arme und Beine besessen haben musste. Eine ähnliche Praxis gibt es auch in dem Lucky Luke-Heft *Der Kopfgeldjäger* zu bestaunen, in dessen Handlungsverlauf geschäftstüchtige Indianer gleich stapelweise die «einzig echte Satteldecke von General Custer» anbieten.

Die einträglichste Form des Ablasshandels war aber der Erwerb sogenannter Ablassbriefe, die zu ihrer Blütezeit wie Wertpapiere gehandelt wurden, denn mit dem Kauf von Ablassaktien konnte man nicht nur sein eigenes Seelenheil retten, sondern nachträglich auch noch das von bereits in der Hölle schmorenden Verwandten wieder freikaufen. Auf den ersten Blick eine klassische Win-win-Situation, die sich aber von Seiten der Käufer aus finanzieller und von Seiten der Kirche aus moralischer Sicht eher als lupenreine Loselose-Situation erwies.

Mit dem Dominikanermönch Johann Tetzel (um 1460–1519) fand sich schnell ein besonders eifriger Vertreter jener altertümlichen Vorstufe moderner Kaffeefahrten, denn bereits damals wurde unter Androhung von Repressalien allerlei unnützer Schwachsinn verscherbelt. Vom ergaunerten Geld der mit einem Sündenstrafenerlass schamlos über den Tisch gezogenen Leicht- beziehungsweise Schwergläubigen ging eine Hälfte nach Rom, um den Bau des Petersdoms zu finanzieren, während sich die andere Hälfte der jeweils zuständige kirchliche Gauleiter, im Falle Johann Tetzels Erzbischof Albrecht von Brandenburg (1490–1545), und der eintreibende Ablasshändler teilten. Mit marktschreierischem Getöse soll Tetzel seinerzeit mit (hier der Geschmeidigkeit halber ins Hochdeutsche übersetzten) auch heute noch bekannten Parolen wie «Sobald das Geld im Kasten klingt, die Seele in den Himmel springt» den ängstlichen Frommen das Geld aus der Tasche gebrüllt haben. Ob Tetzel allerdings tatsächlich ein Vorfahre des doch um einiges sympathischer daherkommenden und für das Fernsehen, anstatt für die Kirche tätigen Alles-mögliche-Verkäufers Harry Wijnvoord ist, konnte bisher noch nicht zweifelsfrei erwiesen werden.

Doch auch heutzutage haben sich Glaube und Vernunft nicht wirklich angenähert, eher scheint das Gegenteil der Fall. Denn *«während wir technologisch im 21. Jahrhundert stehen, sind unsere Weltbilder mehrheitlich noch von Jahrtausende alten Mythen geprägt»*, wie der Philosoph und Sprecher der Giordano-Bruno-Stiftung Michael Schmidt-Salomon in seinem *Manifest des evolutionären Humanismus* schreibt. Und wie selbstverständlich uns dieser Aberglauben auch im Alltag noch immer erscheint, lässt sich anhand eines ebenso simplen wie entlarvenden Vergleichs verdeutlichen, der einem die unfassbare Absurdität und Anmaßung diverser Verfechter – und in diesem Fall martialischer Verteidiger – des christlichen Glaubens mit einer Vehemenz vor Augen zerrt, dass man sich nicht nur in einer geistigen Antike wähnt, sondern sich auch direkt von einer uralten Kirchenkrankheit befallen sieht: dem optischen Tinnitus, der einen ausnahmslos Pfeifen sehen lässt. Andererseits bemerkte ja bereits Georg Christoph Lichtenberg im 18. Jahrhundert nicht ohne resignierenden Beigeschmack:

«Was hilft alle Aufklärung, alles Licht, wenn die Leute entweder keine Augen haben, oder die, die sie haben, vorsätzlich verschließen.»

Der bereits in einem vorangegangenen Kapitel erwähnte amerikanische Autor Sam Harris zeigt in seinem ebenfalls bereits erwähnten Buch *Das Ende des Glaubens* an einem kleinen Beispiel, wie bedenkenlos die meisten Menschen ein Berufen auf Gott selbst in Anbetracht der blutigsten Pläne hinnehmen, abnicken und sich – im wahrsten Sinne des Wortes – nichts weiter dabei denken. Nur wenig tröstlich vorauszuschicken ist, dass Harris mit «unserer Kultur» in diesem Fall seine eigene, nämlich die amerikanische meint.

«Um zu erkennen, in welchem Ausmaß unsere Kultur derzeit die Irrationalität ihrer Feinde teilt, brauchen Sie bloß den Namen ‹Gott›, wo immer er im öffentlichen Diskurs auftaucht, zu ersetzen durch den Namen ihrer Lieblingsgestalt aus dem griechischen Götterhimmel. Stellen wir uns vor, Präsident Bush würde bei seinem nationalen Gebetsfrühstück folgende Worte wählen: ‹Hinter allem Leben und der ganzen Geschichte steht ein Streben und steht ein Ziel, gelenkt von der Hand des gerechten und getreuen Zeus.›

Oder stellen wir uns vor, in Bushs Rede an den Kongress vom 20. September 2001 wäre folgender Satz vorgekommen: ‹Freiheit und Angst, Gerechtigkeit und Grausamkeit stehen seit je gegeneinander im Krieg, und wir wissen, dass Apollo in diesem Krieg keine neutrale Position einnimmt.›»

Bei solchen Kostproben infantiler Verstärkungswünsche kann man den Kopfschüttelfaktor nachträglich noch einmal zusätzlich erhöhen, wenn man sich nicht vermeintlicher Götter bedient, sondern sie vielmehr durch andere Fantasiegestalten, etwa aus der heimischen Sagenwelt ersetzt. Andererseits könnte es sicherlich auch nicht schaden bei einem Kreuzzug gegen den Terror, Rübezahl auf seiner Seite zu wissen. So weit muss man aber gar nicht gehen. Selbst das Ersetzen des Wortes «Gott» durch «Allah» würde den meisten christlichen Europäern bereits den Angstschweiß auf und «Wie kann man nur»-Gedanken hinter die Stirn treiben, während «Gott» es selbstverständlich gleich um einiges realistischer gestaltet. Doch auch die Existenz eines christlichen Gottes ist nicht wahrscheinlicher oder gar realistischer als die seiner bisher durch die Jahrtausende ausrangierten Arbeitskollegen, die mittlerweile seit Ewigkeiten auf der kulturellen Müllhalde abgestandener Irrglauben ruhen.

Warum aber dann noch immer diese Hörigkeit, dieser letzte pervertierte Rest von kindlichem Gehorsam, wo die ganze Sache doch so offensichtlich ist?

Weil es nicht ganz so einfach ist, eine Ideologie zu hinterfragen oder gar zu verwerfen, die einem seit frühester Kindheit eingetrichtert wurde. Der religiöse Glaube entzieht sich jeglicher objektiv zu behandelnden Begründung, da die klerikale

Weltanschauung einzig und allein auf pure Spekulation aufgebaut ist, die sich ausschließlich auf ebenso anmaßende wie absurde Behauptungen beruft, aber dennoch für sich die einzige ewig gültige Wahrheit beansprucht, weil das nun mal so in einem heiligen Buch steht, das über viele Jahrhunderte von Menschen zusammengetragen wurde, *«für die eine Schubkarre ein atemberaubendes Beispiel für den Siegeszug der Technik gewesen sein muss. Sich auf ein solches Dokument (...) als Basis seiner Weltanschauung zu verlassen, heißt, die Erkenntnisse aus zweitausend Jahren Zivilisation zu ignorieren, die der menschliche Geist erst jetzt aufgrund von säkularer Politik und Wissenschaftskultur in sein Denken zu integrieren beginnt.»* (Sam Harris)

Und törichterweise wird ein solcher dogmatischer Aberglauben immer wieder von Generation zu Generation weitergegeben, da die unterschiedlichen Religionen über keinerlei vernünftige Indikatoren verfügen, mit deren Hilfe man die entsprechenden Aussagen auch nur im Ansatz auf deren Wahrheitsgehalt überprüfen könnte. Und dass sich eine solche Stille-Post-Praxis zunehmend gefährlicher gestaltet, liegt auf der Hand. Wahrscheinlich ist es reines Wunschdenken zu behaupten, die Menschen seien heute ihren Glauben betreffend weniger fanatisch veranlagt als etwa zu Zeiten der mittelalterlichen Kreuzzüge, denn bereits ein flüchtiger Rückblick auf die von allen guten Geistern verlassende *Jesus-Camp*-Diktatorin Becky Fischer, den Kreuzzügler George W. Bush, irre islamistische Selbstmordattentäter, kreationistische Museumsdirektoren, die wirren gedanklichen Ausritte und obskuren Machenschaften diverser Päpste oder die Aktivitäten anderer religiöser Brandstifter zerdeppert diese Seifenblase recht schnell in ihre zweckoptimistischen Einzelteile und zeigt, dass die scheinheilige Maschinerie leider so geschmiert und damit gleichsam so effektiv flutscht wie eh und je. Zugegeben, das alles ist nicht wirklich neu und vom Erkenntnisgewinn ähnlich hoch einzustufen wie der Spaßfaktor, wenn Didi Hallervorden sich vor versteckter Kamera als zeternder Rentner verkleidet. (Sofern da überhaupt eine Verkleidung nötig ist.) Aber eine solche Stagnation macht die religiöse Verbohrtheit ja nicht weniger gefährlich. Ganz im Gegenteil.

Denn die wachsende Gefahr einer rigorosen Beibehaltung gedanklich grotesker Glaubenskonstruktionen, die den aufklärerischen Bemühungen Hunderter von Jahren fromm ins Gesicht spuckt, liegt nur allzu offensichtlich auf der Hand. Während sich vor Jahrhunderten die Menschen im religiösen Schwanzvergleich noch analog die Schädel einschlugen, fällt die Wahl der Waffen heutzutage doch erheblich weniger balanciert aus. Jeder degenerierte, gedanklich im Mittelalter hängen gebliebene Hampel ist heute durch die modernen Medien und virtuellen Wege der Wissensvermittlung dazu in der Lage, sich Bomben zu basteln, um (wessen Glaubenskonstrukt auch immer widersprechenden) Ungläubigen anonym die «eigene» vorgestanzte Vorstellung von Gott und dessen jenseitigen Eigenheimen näherzubringen. Nicht dass es in der «guten alten Zeit» der Inquisition irgendwie gerechter oder gar sinnvoller war, sein Gegenüber Auge in Auge aufgrund von dessen Irrglauben abzuschlachten – das wirklich Erschreckende daran ist, dass nicht nur der grundsätzliche Wille zu derlei Übungen, sondern vor allem dessen nach wie vor engagierte und einsatzbereite Umsetzung noch immer an der Tagesordnung sind.

Keine allzu schöne Vorstellung, wenn man bedenkt, dass es auch heute noch keine Seltenheit ist, Menschen im Namen der allumfassenden Liebe Gottes zu verbrennen oder den gewaltsamen Tod von Kindern abzufeiern, die nicht an eine Menge lächerlicher Behauptungen über die Beschaffenheit des Universums im Allgemeinen und Gott und die Welt im Speziellen glauben. Ein ähnliches, wenn auch bei weitem nicht so tragisches, weil allzu menschliches Paradoxon, hat vielleicht ansonsten nur noch der Fußballer Wolfram Wuttke zusammengeschraubt, als er – aufrichtiger als die Kirche – der Öffentlichkeit freimütig erklärte: «Immer wenn ich breit bin, werd' ich spitz.»

Um die Diskrepanz zwischen jahrhundertealten Mythen und modernen Erkenntnissen – und dergestalt letztlich auch zwischen Glaube und Vernunft – noch einmal in voller Blüte zu bestaunen, sei hier ein letztes Mal Sam Harris' Buch *Das Ende des Glaubens* herangezogen, in dem das angesprochene Dilemma auf ausgesprochen anschauliche Weise anhand eines sehr schönen Gedankenspiels verdeutlicht wird, dessen Aussagekraft in Bezug auf die Relevanz gegenüber aktuellen Weltanschauungen eventuell mit der aufs Gesamtfeld bezogenen Weltranglistenbedeutung des besten Skispringers von Uganda zu vergleichen ist:

«Stellen wir uns vor, wir könnten einen gebildeten Christen aus dem 14. Jahrhundert ins Leben zurückholen. Außer in seinem Glauben würde der Mann sich in sämtlichen Bereichen als völliger Ignorant erweisen. Seine Anschauungen über Geografie, Astronomie und Medizin wären sogar einem Kind peinlich, allerdings wüsste er mehr oder minder alles, was es über Gott zu wissen gibt. Obwohl er als Narr gelten würde, weil er die Erde für den Mittelpunkt des Universums hielte oder glaubte, die Trepanation stelle einen sinnvollen medizinischen Eingriff dar, so wären seine religiösen Vorstellungen dennoch über jeden Vorwurf erhaben.»

Bereits bis zu dieser Stelle erschreckend genug, so dass dem objektiven Beobachter im Zeitalter der Genmanipulation und Gehirnforschung eine bombensichere Analyse gelingen könnte, die, laut Harris, eigentlich nur zwei Schlussfolgerungen über die Stagnation der Religion zuließe:

«*Entweder wir haben unser religiöses Verständnis der Welt vor einem Jahrtausend perfektioniert – während auf allen anderen Gebieten unser Wissen noch immer hoffnungslos unvollständig war –, oder die Religion ist als Instrument zur bloßen Aufrechterhaltung von Dogmen ein Diskussionsbereich, der eine Weiterentwicklung nicht zulässt.*»

Die Kirche, egal welcher Geschmacksrichtung, ist und bleibt so etwas wie die Avantgarde der intellektuellen Nachhut, die Husarentruppe der geistig Daheimgebliebenen, die versucht zu retten, was – wenn auch inhaltlich noch niemals haltbar – an frühgeschichtlichen gedanklichen Ruinen eben noch zu retten ist, und den blind Gläubigen auch weiterhin todesverachtend allerlei spirituelle Schummeleien vorzugaukeln, wie etwa das Eingeständnis, bereits 2007 (siehe 2. Kapitel) zumindest von irdischer Seite die Vorhölle geschlossen zu haben, da eine solche Einrichtung als theologisch überholt abzuheften sei. Wie Gott selber auf derlei Beschneidungen seiner vorgelagerten Endlösungsoptionen reagiert hat, ließ das Dekret seinerzeit freilich offen. Bleibt zu hoffen, dass die Menschheit den Glauben an Götter möglichst bald endgültig hinter sich lässt und trotz Millionen, der jahrtausendelangen sinnfreien Religionsschlacht anzukreidender Toter milde lächelnd auf ihn zurückblickt als ein auf Augenhöhe mit dem Osterhasen, dem Weihnachtsmann oder der Zahnfee herumwurstelndes Relikt aus naiven Kindertagen. Allein es fehlt der Glaube. Doch die Geschichte hat gezeigt, dass auch finsterste Zeitalter vorübergehen und selbst die Inquisition hat sich ja irgendwann von selbst erledigt. Und ähnlich wenig Spaß hatte die Welt erst wieder Jahrhunderte später, als Wolfgang Lippert *Wetten, dass?* moderierte.

Die Hölle selber, respektive der souveräne Weg dorthin, lässt sich jedoch auch am Ende dieser Niederschrift nur schwerlich packen oder gar einordnen, zumal nach wie vor jeder für sich selbst entscheiden sollte, welcher Glaubenskonstruktion er seine Seele (so vorhanden) anvertraut – doch eines scheint zumindest sicher:

Auch wenn sich alles in diesem Buch – teils in brachialer, teils in subtilerer, jedoch immer etwas ausschweifender Manier – der Problematik eines an und für sich bereits seit Jahrhunderten geistig überwucherten Trampelpfades in das mehrfach unterkellerte Glaubensgemäuer der kirchlichen Wahnvorstellung Hölle verschrieben hat, so verbietet es sich doch am Ende nicht, die Gesamtaussage mit lediglich vier grandiosen Worten des Schweizer Schriftstellers Max Frisch zusammenzufassen, die den sich selbst in den Schwanz beißenden Grundcharakter der Religion – fernab jeglichen barocken Geschwafels – gezielt, präzise und kompakt auf den Punkt bringen:

«Ohne Kirche – keine Hölle.»

13

Literaturverzeichnis

Chotjewitz, Peter O., Roth, Jürgen (Herausgeber). *Mit Jünger ein' Joint aufm Sofa, auf dem schon Goebbels saß*, Büchse der Pandora, Wetzlar, 2011.

Dawkins, Richard. *Der Gotteswahn*, Ullstein, Berlin, 2007.

Deschner, Karlheinz. *Die Kirche des Un-Heils*, Heyne, München, 1974.

D'Holbach, Paul Thiry. *System der Natur*, Suhrkamp, Berlin, 1978.

Feynman, Richard P. *Es ist so einfach*, Piper, München, 2003.

Fromm, Erich. *Die Kunst des Liebens*, Ullstein, Berlin, 2005.

Graves, Robert. *The White Goddess*, Farrar, Straus and Giroux, New York, 1966.

Harris, Marvin. *Fauler Zauber*, Klett-Cotta, Stuttgart, 1993.

Harris, Sam. *Das Ende des Glaubens*, Edition Spuren, Winterthur, 2007.

Hitchens, Christopher. *Der Herr ist kein Hirte*, Blessing Verlag, München, 2007.

Kienzler, Klaus. *Der religiöse Fundamentalismus*, C.H.Beck, München, 2007.

Messadié, Gerald. *Teufel, Satan, Luzifer*, Deutscher Taschenbuchverlag, München, 1999.

Mynarek, Hubertus. *Das Gericht der Philosophen*, Verlag die blaue Eule, Essen, 1997.

Russell, Bertrand. *Warum ich kein Christ bin*, Szczesny Verlag, München, 1963.

Schmidt-Salomon, Michael. *Manifest des evolutionären Humanismus*, Alibri, Aschaffenburg, 2006.

Eine Frau, ein Buch, ein Weltuntergang

ZITATE AUS DER PRESSE:

«Ein Buch mit Suchtgefahr ... der beste Roman-Erstling seit Ewigkeiten!» *Penthouse*

«Ein vollgeladenes Stück Unterhaltung der Extraklasse!» *Orkus*

«Der perfekte Zeitvertreib – mit viel schwarzem Humor und auch ein wenig Poesie.» *Radio Hazzard of Darkness*

«Ich habe mich lange nicht mehr so gut unterhalten!» *ffm-rock.de*

«Uneingeschränkt empfehlenswert!» *FRIZZ*

«Ein einzigartiges Buch. Es strotzt von Leben, von Hingabe und ist ausgesprochen gut!» *Jan Fries*

«...witzig, skurril, modern und spannend!» *Amboss Mag*

FRAU HÖLLE
LUCI VAN ORG

Der Eingang in die Welt der Toten liegt nicht irgendwo in dunklen Wäldern – er liegt mitten in Berlin, versteckt zwischen Vorkriegs-Mietkasernen. Und Totengöttin Hel – heute besser bekannt als Frau Holle – lebt genau hier unerkannt unter den Menschen. Aber nicht nur sie, auch jede Menge andere, von uns längst vergessene Götter haben sich in Berlin eingemietet. Sie führen Kneipen und Friseursalons, arbeiten als Steinmetze oder Trainer beim Behindertensportverein gleich um die Ecke und wollen in diesen trüben Zeiten eigentlich nur eins: ihre Ruhe!

Doch dann erschüttert eine Mordserie das Viertel, so unerklärlich und bestialisch, dass manche schon das Ende der Welt heraufdämmern sehen – und tatsächlich haben Hel und ihre Kollegen bald alle Hände voll zu tun, genau das zu verhindern ...

Ausgezeichnet mit dem HOMBUCH-PREIS 2014 in der Kategorie Belletristik!

Nominiert für den SERAPH 2014 in der Kategorie *Bestes Debüt*

ZWEITE AUFLAGE!

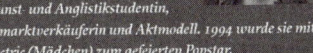

Luci van Org, Berlinerin, trat schon im Alter von 12 Jahren in Blues-Clubs auf. Mit 16 unterschrieb sie ihren ersten Plattenvertrag, sang mit 19 als Eena den Titelsong zum Film Go Trabi Go und war nebenher Kunst- und Anglistikstudentin, Supermarktverkäuferin und Aktmodell. 1994 wurde sie mit Lucilectric (Mädchen) zum gefeierten Popstar. Heute ist sie als Musikerin die weibliche Hälfte von Meystersinger und Bandleaderin von Üebermutter. Sie ist die Hauptdarstellerin der Comedy Serie Heim Herd Hund und schreibt Drehbucher, u.a. Lollipop Monster (ZDF) und Theaterstücke wie Die 7 Todsünden.

FRAU HÖLLE
LUCI VAN ORG

Taschenbuch
12 x 18 cm, 400 Seiten
ISBN: 978-3-939239-21-5
12,95 Euro [D + A]

LOUIS DE FUNÈS
MARC HALUPCZOK

LOUIS DE FUNÈS – HOMMAGE AN EINE
UNSTERBLICHE LEGENDE
MARC HALUPCZOK

Taschenbuch
16 x 21 cm, 320 Seiten
ISBN: 978-3-939239-48-2
14,95 Euro (D + A)

Marc Halupczok verneigt sich vor der unsterblichen Legende!
Das Ergebnis dieser Leidenschaft und Recherche ist eine Hommage an den liebenswürdigsten Choleriker, der jemals die Zuschauer verzauberte, an einen kongenialen Komiker und großartigen Schauspieler, dessen Schaffen rund 150 Filme umfasste. Dabei lässt der Autor die denkwürdigsten Leinwand-Momente noch einmal Revue passieren, auch kommen Weggefährten und Fans zu Wort. So wird ein Stück Kinogeschichte wieder lebendig.

NEMI – BAND 3
LISE MYHRE

Nemi ist wieder da! Die freche und liebenswerte Dame aus dem hohen Norden kommt mit zahlreichen neuen Geschichten zurück nach Deutschland. Ist Nemi reifer geworden? Ist sie weiser geworden? Wohl kaum! Nemi macht sich ihre Welt, wie sie ihr gefällt, auch dann, wenn ihre Freunde nur staunend den Kopf schütteln.
Nemi hat eine große Klappe, aber auch ein großes Herz ... für ihre Freunde, gut aussehende Männer, Drachen und natürlich Party, Bier und gute Laune. Deshalb: Niemand feiert Partys so wie Nemi!

NEMI – BAND 3
LISE MYHRE

Hardcover
19 x 23 cm, 144 Seiten
ISBN: 978-3-939239-49-9
12,95 Euro (D + A)

CELEBRITIES

WILLIAM SHATNER VON A BIS Z
ROBERT SCHNAKENBERG

TB, 15 x 21 cm, 208 S.
erschienen Mai 2011
ISBN: 978-3-86608-152-9
9,95 Euro [D]
10,30 Euro [A]

«Dieses Buch ist verblüffend genial!» auf amazon.com

BRAD PITT
BRIAN J. ROBB

TB, 15 x 21 cm, 336 S.
erschienen Sep. 2008
ISBN: 978-3-86608-098-0
~~14,95 Euro~~ 4,95 Euro [D]
5,10 Euro [A]

«Die bislang ausführlichste Pitt-Biografie.»
Adem
«Eine umfassende, aktuelle Biografie, mit mehr als 100 Bildern.»
Frizz

CHRISTOPHER WALKEN
ROBERT SCHNAKENBERG

TB, 15 x 21 cm, 232 S.
erschienen Aug. 2009
ISBN: 978-3-86608-116-1
14,95 Euro [D]
15,40 Euro [A]

«Über 200 Seiten stark ist dieses Buch und nicht selten grinst man vor sich hin aufgrund der Eigenarten von Christopher Walken.»
monstersandcritics.de

HEATH LEDGER
BRIAN J. ROBB

TB, 15 x 21 cm, 248 S.
zweite Auflage erhältlich
ISBN: 978-3-86608-103-1
14,95 Euro [D]
15,40 Euro [A]

«Eine kurzweilig und einfühlsam zu lesende Mischung aus vielen Fakten und Anekdoten. Der Spagat von Nähe und kritischer Distanz ist gelungen!» Freie Presse

JOHNNY DEPP
BRIAN J. ROBB

TB, 15 x 21 cm, 296 S.
dritte Auflage erhältlich
ISBN: 978-3-86608-087-4
14,95 Euro [D]
15,40 Euro [A]

«Flott! Eine wahre Bereicherung!»
MDR Radio JUMP
«Diese Biografie macht Spaß!»
Cuxhavener Nachrichten

MARILYN MANSON – SEZIERT
GAVIN BADDELEY

TB, 15 x 21 cm, 280 S.
erschienen Jul. 2009
ISBN: 978-3-86608-121-5
14,95 Euro [D]
15,40 Euro [A]

«Wer Manson verstehen möchte, sollte hier zuschlagen!»
KinKuts
«Ein wahrer Anlass zur Freude.»
webcritics.de

SEXSHOP
CHRISTOPH STRASSER

TB, 12 x 18 cm, 288 S.
erschienen Okt. 2010
ISBN: 978-3-86608-138-3
9,95 Euro [D]
10,30 Euro [A]

«Von Anfang bis Ende einfach nur genial! Morbid, sarkastisch, derbe und dreckig, also kurz: wie im echten Leben!»
Orkus

PORNOSTERN
CHRISTOPH STRASSER

TB, 12 x 18 cm, 270 S.
erschienen Feb. 2009
ISBN: 978-3-86608-104-8
9,95 Euro [D]
10,30 Euro [A]

«Mit viel Witz und literarischem Geschick [...] Absolut lesenswert!»
Wildwechsel
«Ein echtes Trash-Juwel, die Tragikomödie 2009!»
KinKuts

WARUM, FRANKENFISH? 2 – NEMESIS
CHRISTOPH STRASSER

TB, 12 x 18 cm, 288 S.
erschienen Jul. 2011
ISBN: 978-3-939239-07-9
9,95 Euro [D]
10,30 Euro [A]

«Hier lacht der Leser lauthals mit!» monstersandcritics.de
«Eine herrliche Persiflage, die man beim Lesen oft laut lachen muss.»
necrowob.de

RÜCKKEHR INS STIRN-HIRNHINTERZIMMER
V.A.

TB, 12 x 18 cm, 208 S.
erschienen Jun 2011
ISBN: 978-3-939239-09-3
9,95 Euro [D]
10,30 Euro [A]

«Eine literarische Achterbahnfahrt mit Wortwitz und Phantasie!»
würtelheld
«Schrecklich komisch!»
t-arts.de

FICKEN UND STERBEN
JON ØYSTEIN FLINK

HC, 12 x 18 cm, 144 S.
erschienen Mrz. 2011
ISBN: 978-3-86608-146-8
12,95 Euro [D]
13,40 Euro [A]

«Ein irrwitziges, verrücktes und damit lesenswertes Buch.»
metalglory.de

ICH TRAG EIN MASSENGRAB IM HERZEN
TOBY FUHRMANN

TB, 12 x 18 cm, 148 S.
zweite Auflage verfügbar
ISBN: 978-3-86608-128-4
9,95 Euro [D]
10,30 Euro [A]

«Voller Widersprüche, aber das macht den Roman so spannend. Voller Überraschungen, zum Nachdenken, Lachen und Wundern!» Allgemeine Zeitung Coesfeld